心理写作指导

《"四特"教育系列丛书》编委会　编著

吉林出版集团股份有限公司
全国百佳图书出版单位

图书在版编目 (CIP) 数据

心理写作指导／《"四特"教育系列丛书》编委会编著.
—长春：吉林出版集团股份有限公司，2012.4
（"四特"教育系列丛书／庄文中等主编.学生阅读与
作文方法指导）
ISBN 978-7-5463-8700-0

I.①心… II.①四… III.①作文课－中小学－教学参考
资料 IV.① G634.343

中国版本图书馆 CIP 数据核字（2012）第 043998 号

心理写作指导
XINLI XIEZUO ZHIDAO

出 版 人	吴 强
责任编辑	朱子玉 杨 帆
开 本	690mm×960mm 1/16
字 数	250 千字
印 张	13
版 次	2012 年 4 月第 1 版
印 次	2023 年 2 月第 3 次印刷
出 版	吉林出版集团股份有限公司
发 行	吉林音像出版社有限责任公司
地 址	长春市南关区福祉大路 5788 号
电 话	0431-81629667
印 刷	三河市燕春印务有限公司

ISBN 978-7-5463-8700-0 　　　　定价：39.80 元

前　言

　　学校教育是人一生中所受教育最重要组成部分,个人在学校里接受计划性的指导,系统地学习文化知识、社会规范、道德准则和价值观念。学校教育从某种意义上讲,决定着个人社会化的水平和性质,是个体社会化的重要基地。知识经济时代要求社会尊师重教,学校教育越来越受重视,在社会中起到举足轻重的作用。

　　"四特教育系列丛书"以"特定对象、特别对待、特殊方法、特例分析"为宗旨,立足学校教育与管理,理论结合实践,集多位教育界专家、学者以及一线校长、老师们的教育成果与经验于一体,围绕困扰学校、领导、教师、学生的教育难题,集思广益,多方借鉴,力求全面彻底解决。

　　本辑为"四特教育系列丛书"之《学生阅读与作文方法指导》。

　　阅读能力被著名教育家苏霍姆林斯基称之为学习技能的五把刀子之一,它不仅是语文学习能力的主要构成因素,也是训练学生的表达能力的重要途径,还是一切智力活动的基础。因此,有效阅读一直就是语文教学的核心,要提高语文能力,提升语文素养,必须加强有效阅读。

　　作文是人们交流思想和社会交际的重要工具。生活在现实社会里,无论你从事什么行业,都离不开写作,写作是人类生活的基本工具,是每一个社会成员搞好各项工作必须应具备的一种起码素质。本书从肖像、语言、行动、心理、场面、景物、静态、状物、抒情和话题等方面,为广大青少年提供了实际指导和范文阅读,使大家不仅可以学到作文的知识,还能感受到好词好句好段中所蕴含的优美意境,能够受到精神的陶冶。

　　本辑共20分册,具体内容如下:

　　1.《肖像描写阅读指导》

　　肖像描写即描绘人物的面貌特征,它包括人物的身材、容貌、服饰、打扮以及表情、仪态、风度、习惯性特点等。肖像描写的目的是以"形"传"神",刻画人物的性格特征,反映人物的内心世界。描是描绘,写是摹写。描写就是用生动形象的语言,把人物或景物的状态具体地描绘出来。这是一般记叙文和文学写作常用的表达方法。本书针对学生如何高效阅读肖像描写类文章进行了系统而深入的分析和探讨,并给予了切实的指导,对中小学生颇有启发意义。

　　2.《语言描写阅读指导》

　　语言描写是塑造人物形象的重要手段。成功的语言描写总是鲜明地展示人物的性格,生动地表现人物的思想感情,深刻地反映人物的内心世界,使读者"如闻其声,如见其人",获得深刻的印象。本书针对学生如何高效阅读语言描写类文章进行了系统而深入的分析和探讨,并给予了切实的指导,对中小学生颇有启发意义。

　　3.《行动描写阅读指导》

　　行动描写是刻画人物的手法之一,是塑造人物的主要手段。行动是人物思想性格的直接表现,因此,人物的行动描写就要善于抓住人物具有特征性的动作,从而展示人物的精神面貌,反映人物的性格特征,塑造出个性鲜明的人物形象。本书针对学生如何高效阅读行动描写类文章进行了系统而深入的分析和探讨,并给予了切实的指导,对中小学生颇有启发意义。

4.《心理描写阅读指导》

心理描写是指在文章中,对人物在一定的环境中的心理状态、精神面貌和内心活动进行的描写。是作文中表现人物性格品质的一种方法。最常用的是描写人物的内心独白,写出人物的所思所想,让人物一无遮掩地吐露自己的心声,说出他的欢乐和悲伤、矛盾和愁郁、忧虑和希望,使读者穿透人物外表,看到人物的内心世界。本书针对学生如何高效阅读心理描写类文章进行了系统而深入的分析和探讨,并给予了切实的指导,对中小学生颇有启发意义。

5.《场面描写阅读指导》

场面描写,就是对一个特定的时间与地点内许多人物活动的总体情况的描写。它往往是叙述、描写、抒情等表述方法的综合运用,是自然景色、社会环境、人物活动等描写对象的集中表现。场面描写要表现出一种特定的气氛要综合运用记叙、描写、抒情、议论等表达手段,以及映衬、象征等多种手法,这样才能使场面变成一幅生动而充满感染力的图画。本书针对学生如何高效阅读场面描写类文章进行了系统而深入的分析和探讨,并给予了切实的指导,对中小学生颇有启发意义。

6.《景物描写阅读指导》

景物描写,是指对自然环境和社会环境中的风景、物体的描写。景物描写主要是为了显示人物活动的环境,使读者身临其境。本书针对学生如何高效阅读景物描写类文章进行了系统而深入的分析和探讨,并给予了切实的指导,对中小学生颇有启发意义。本书不仅提供了学生有效阅读同范文,还提供了相应的阅读把握方法等,具有很强的系统性、实用性、实践性和指导性。

7.《风俗描写阅读指导》

风俗习惯指个人或集体的传统风尚、礼节、习性。是特定社会文化区域内历代人们共同遵守的行为模式或规范。风俗由于一种历史形成的,它对社会成员有一种非常强烈的行为制约作用。风俗描写主要包括民族风俗、节日习俗、传统礼仪等等。本书针对学生如何高效阅读风俗描写类文章进行了系统而深入的分析和探讨,并给予了切实的指导,对中小学生颇有启发意义。

8.《记叙文阅读指导》

阅读记叙文必须注意把握文章的基本要素,理清记叙的顺序以及线索,准确理解记叙中的描写议论和抒情。只有这样,才能从整体上全面把握记叙文的内容,理解作者的写作意图和文章所反映的中心思想。本书针对学生如何高效阅读记叙文进行了系统而深入的分析和探讨,并给予了切实的指导,对中小学生颇有启发意义。

9.《抒情散文阅读指导》

抒情散文主要是抒发作者对现实生活的感受、激情和意愿。抒情散文抒发的是怎样的感情,如何抒发,都与文章揭示的思想意义是否深广有极大的关系。本书针对学生如何高效阅读抒情散文进行了系统而深入的分析和探讨,并给予了切实的指导,对中小学生颇有启发意义。本书不仅提供了学生有效阅读同范文,还提供了相应的阅读把握方法等,具有很强的系统性、实用性、实践性和指导性。

10.《话题性范文阅读指导》

话题性文章一般与学生的生活实际联系的最紧密,学生应该有话可写。但由于话题比较宽泛,要出采也不容易。写作的关键在于把话题转化,或化大为小,或化抽象为具体。本书针对学生如何高效阅读话题性文章进行了系统而深入的分析和探讨,并给予了切实的指导,对中小学生颇有启发意义。

11.《肖像写作指导》

肖像描写即描绘人物的面貌特征,它包括人物的身材、容貌、服饰、打扮以及表情、仪态、风度、习惯性特点等。肖像描写的目的是以"形"传"神",刻画人物的性格特征,反映人物的内心世界。描是描绘,写是摹写。描写就是用生动形象的语言,把人物或景物的状态具体地描绘出来。本书针对学生如何提高肖像描写类作文写作水平进行了系统而深入的分析和探讨,并给予了切实的指导,对中小学生颇有启发意义。

12.《语言写作指导》

语言描写是塑造人物形象的重要手段。成功的语言描写总是鲜明地展示人物的性格,生动地表现人物的思想感情,深刻地反映人物的内心世界,使读者"如闻其声,如见其人",获得深刻的印象。本书针对学生如何提高语言描写类作文写作水平进行了系统而深入的分析和探讨,并给予了切实的指导,对中小学生颇有启发意义。

13.《行动写作指导》

行动描写是刻画人物的手法之一,是塑造人物的主要手段。行动是人物思想性格的直接表现,因此,人物的行动描写就要善于抓住人物具有特征性的动作,从而展示人物的精神面貌,反映人物的性格特征,塑造出个性鲜明的人物形象。本书针对学生如何提高行动描写类作文写作水平进行了系统而深入的分析和探讨,并给予了切实的指导,对中小学生颇有启发意义。

14.《心理写作指导》

心理描写是指在文章中,对人物在一定的环境中的心理状态、精神面貌和内心活动进行的描写。是作文中表现人物性格品质的一种方法。最常用的是描写人物的内心独白,写出人物的所思所想,让人物一无遮掩地吐露自己的心声,说出他的欢乐和悲伤、矛盾和愁郁、忧虑和希望,使读者穿透人物外表,看到人物的内心世界。本书针对学生如何提高心理描写类作文写作水平进行了系统而深入的分析和探讨,并给予了切实的指导,对中小学生颇有启发意义。

15.《场面写作指导》

场面描写,就是对一个特定的时间与地点内许多人物活动的总体情况的描写。它往往是叙述、描写、抒情等表述方法的综合运用,是自然景色、社会环境、人物活动等描写对象的集中表现。场面描写要表现出一种特定的气氛要综合运用记叙、描写、抒情、议论等表达手段,以及映衬、象征等多种手法,这样才能使场面变成一幅生动而充满感染力的图画。本书针对学生如何提高场面描写类作文写作水平进行了系统而深入的分析和探讨,并给予了切实的指导,对中小学生颇有启发意义。

16.《景物写作指导》

景物描写,是指对自然环境和社会环境中的风景、物体的描写。景物描写主要是为了显示人物活动的环境,使读者身临其境。本书针对学生如何提高景物描写类作文写作水平进行了系统而深入的分析和探讨,并给予了切实的指导,对中小学生颇有启发意义。本书除了提供各种作文的方法外,还提供了大量的好词、好段、好句供广大学生作文时参考借鉴,因此具有很强的系统性、实用性、实践性和指导性。

17.《静态写作指导》

在写物的静态时,我们要尽量去发掘这一静物的动态。如果我们要状写这些不可能有动态的物,那么,我们要去发现他们的质感和有活力的部分。如果我们抓住这些来写,那么,那些静静躺在盘子里,平平睡在盒子里的东西也会生出许多引人的魅力来。总之,我们写物的静态时,要尽量找些鲜活的因素来描上几笔,而且,这几笔往往是最最传神的。本书针对学生如何提高静态描写类作文写作水平进行了系统而深入的分析和探讨,并给予了切实的指导,对中小学生颇有启发意义。

18.《状物写作指导》

状物类作文,以“物”为描述的中心和文章的线索,或寓情于物,或托物言志,融知识性与趣味性于一体,表达文章的题旨。这是学生喜闻乐见的一种写作形式。因此,加强状物类作文的指导,既是学生的一种心理需求,也是新的课程标准的目标之一。本书针对学生如何提高状物类作文写作水平进行了系统而深入的分析和探讨,并给予了切实的指导,对中小学生颇有启发意义。

19.《抒情写作指导》

写抒情散文,重在“情”字。一篇文章要打动读者的感情,作者首先要自己动感情,把感情融注到字里行间。作家魏巍说过:“写好一篇东西,能打动人心,就要把心捧给读者。”把心捧给读者,就是要吐真情,有真意,让情真意切的行文去感动读者。本书针对学生如何提高抒情散文写作水平进行了系统而深入的分析和探讨,并给予了切实的指导,对中小学生颇有启发意义。

20.《话题写作指导》

要想写好话题作文,除了审题命题外,要注意选择自己最熟悉的事情,用自己真实的感情,另外还要选择自己应用得最拿手的文体,需要注意的是,话题作文也要注意体裁的确定,虽然作文的要求是让你自由选择文体,但是你一旦选择了某种文体,就一定要体现这种文体的特点,切不可写成四不象的作文来。总之,话题作文的写作给了你发挥自己写作优势的天地,只要选择自己最擅长的去写,你就会取得不错的成绩。本书针对学生如何提高话题作文写作水平进行了系统而深入的分析和探讨,并给予了切实的指导,对中小学生颇有启发意义。

由于时间、经验的关系,本书在编写等方面,必定存在不足和错误之处,衷心希望各界读者、一线教师及教育界人士批评指正。

编者

目　录

第一章　心理写作指导 ·························· (1)

　1. 什么叫心理描写 ······················· (2)

　2. 心理描写的表现形式 ················· (2)

　3. 心理描写常用方法 ··················· (3)

　4. 心理描写的作用 ····················· (9)

　5. 心理描写常用词语 ················· (11)

　6. 心理描写注意事项 ················· (13)

第二章　心理写作好段 ····················· (15)

　1. 入队 ······························· (16)

　2. 看判卷 ··························· (16)

　3. 分数公布以后 ··················· (16)

　4. 大考以后 ························· (16)

　5. 英语得了 100 分 ················· (17)

　6. 梦 ······························· (17)

　7. 观鱼游 ························· (17)

　8. 下棋 ··························· (17)

　9. 妹妹脸上乐开花 ················· (18)

10. 好爸爸 ……………………………… (18)

11. 看电视 ……………………………… (18)

12. 新式连衣裙 ………………………… (18)

13. 战友间的关怀 ……………………… (19)

14. 雷锋式的战士 ……………………… (19)

15. 父子相逢 …………………………… (19)

16. 编织 ………………………………… (20)

17. 妈妈的万能手 ……………………… (20)

18. 赛祖先 ……………………………… (20)

19. 不比别人笨 ………………………… (21)

20. 爸爸脸上无笑容 …………………… (21)

21. 妈妈是哑巴 ………………………… (21)

22. 买文具盒 …………………………… (22)

23. 真不明白 …………………………… (22)

24. 从小没有手 ………………………… (23)

25. 交学费 ……………………………… (23)

26. 学习不认真 ………………………… (23)

27. 我不好 ……………………………… (24)

28. 没听奶奶的话 ……………………… (24)

29. 不该这么做 ………………………… (24)

30. 再也不抄作业了 …………………… (25)

31. 不应该看不起她 …………………… (25)

32. 错怪小妹 …………………………… (25)

33. 一个双目失明的人 ………………… (26)

34. 珍惜友谊 …………………………… (26)

35. 抹煤糕 ……………………………… (26)

36. 妈妈去世的当天晚上 ……………… (27)

37. 面对侮辱者 ·· (27)

38. 失去奶奶 ·· (27)

39. 父母离异 ·· (27)

40. 测验得 59 分 ·· (28)

41. 愤怒不已 ·· (28)

42. 看电视报道 ·· (28)

43. 那天在医院里 ·· (29)

44. 看合影 ·· (29)

45. 上幼儿园时 ·· (29)

46. 盼奶奶快回来 ·· (29)

47. 我盼望入队 ·· (30)

48. 盼升旗 ·· (30)

49. 盼回信 ·· (30)

50. 暑假快到来 ·· (30)

51. 我们的未来 ·· (31)

52. 小鸟飞走了 ·· (31)

53. 希望有温暖 ·· (31)

54. 爸爸又结婚了 ·· (32)

55. 稿件退回 ·· (32)

56. 钓了一团布 ·· (32)

57. 错了一道题 ·· (33)

58. 爸爸又打麻将了 ······································ (33)

59. 捐款 ·· (33)

60. 一张电影票 ·· (34)

61. 苹果该给谁 ·· (34)

62. 有点放心不下 ·· (34)

63. 看跳高 ·· (35)

64. 大火以后 ……………………… (35)

65. 丈夫外出打鱼 …………………… (35)

66. 家里没有钱 ……………………… (36)

67. 小女孩打针 ……………………… (36)

68. 看球赛 …………………………… (36)

69. 到外婆家 ………………………… (37)

70. 钓鱼 ……………………………… (37)

71. 登上主席台 ……………………… (37)

72. 风琴比赛 ………………………… (38)

73. 跳水比赛 ………………………… (38)

74. 奶奶坐车 ………………………… (38)

75. 荡秋千 …………………………… (38)

76. 跑错方向 ………………………… (39)

77. 黑夜里回家 ……………………… (39)

78. 第一次打预防针 ………………… (39)

79. 过河 ……………………………… (40)

80. 倒垃圾 …………………………… (40)

81. "偷梁换柱" ……………………… (40)

82. 做"好事" ……………………… (41)

83. 偷鱼 ……………………………… (41)

84. 老师提问 ………………………… (42)

85. 改卷子 …………………………… (42)

86. 告别外公 ………………………… (42)

87. 撒谎之后 ………………………… (43)

88. 隐瞒事实 ………………………… (43)

89. 在回家的路上 …………………… (43)

90. 我孤独 …………………………… (44)

91. 失去了妈妈 ············ （44）

92. 手术之后 ············ （44）

93. 我听不见了 ············ （45）

94. 睡不着 ············ （45）

95. 妈妈哭了 ············ （45）

96. 做题 ············ （46）

97. 改分 ············ （46）

98. 我送什么 ············ （47）

99. 还有5分钟 ············ （47）

100. 做好事 ············ （47）

101. 坐车不买票 ············ （47）

102. 父母离婚后 ············ （48）

103. 夜不能寐 ············ （48）

104. 自己仿佛是一朵荷花 ············ （49）

105. 变化的天空 ············ （49）

106. 云的遐想 ············ （49）

107. 花蝴蝶和小蜜蜂 ············ （50）

108. 咪咪抓老鼠 ············ （50）

109. 假如 ············ （50）

110. 盲童画画 ············ （51）

111. 飞往太空 ············ （51）

112. 海中游弋 ············ （51）

113. 神奇的美梦 ············ （52）

114. 瞧下回的 ············ （52）

115. 快点长大 ············ （52）

116. 美好未来 ············ （53）

117. 为国争光 ············ （53）

118. 心中的一团火 ·················· (53)

119. 妈妈的怀抱 ·················· (54)

120. 捕捉的镜头 ·················· (54)

121. 失败是一种美丽 ·················· (54)

122. 集体的荣誉 ·················· (54)

123. 故乡的梦 ·················· (55)

124. 奔跑到终点 ·················· (55)

125. 徘徊的心 ·················· (55)

126. 教室的遐想 ·················· (56)

127. 沉重的步伐 ·················· (56)

128. 雨中的泪水 ·················· (56)

129. 考场上的瞬间 ·················· (56)

130. 妈妈的宣判 ·················· (57)

131. 消失的快乐 ·················· (57)

132. 友爱的练习册 ·················· (58)

133. 课堂上的抽查 ·················· (58)

134. 梦里的温暖 ·················· (58)

135. 父母的欣喜 ·················· (59)

136. 一定要比他强 ·················· (59)

137. 坚定的年轻战士 ·················· (59)

138. 钢琴考试 ·················· (59)

139. 糟糕的分数 ·················· (60)

140. 母亲的逃亡 ·················· (60)

141. 教室里的球印 ·················· (61)

142. 逃跑 ·················· (61)

143. 女孩的火柴 ·················· (62)

144. 回家路上的灯 ·················· (62)

145. 拾到的笔 ································ (63)

146. 生日的那天 ···························· (63)

147. 难熬的时间 ···························· (64)

148. 第一次跳水 ···························· (64)

149. 和老师赌气 ···························· (64)

150. 老师的错误 ···························· (65)

151. 陌生人的追赶 ························· (65)

152. 讲台上的照片 ························· (66)

153. 到底是谁错了 ························· (66)

154. 花瓶的缺口 ···························· (66)

155. 漆黑的房间 ···························· (67)

156. 帮妈妈干活 ···························· (67)

157. 不诚实的爸爸 ························· (68)

158. 教室里的爸爸 ························· (68)

159. 失去的好战士 ························· (69)

160. 考试后的祈祷 ························· (69)

161. 满是鲜红的考卷 ····················· (70)

162. 成绩公布 ······························· (70)

163. 失败的考卷 ···························· (70)

164. 忐忑的孩子 ···························· (70)

165. 梦想当画家 ···························· (71)

166. 滚动的钢笔 ···························· (71)

167. 庆幸与不安 ···························· (72)

168. 面对讲台 ······························· (72)

169. 超越对手 ······························· (73)

170. 面对全体同学 ························· (73)

171. 学会建立自信 ························· (73)

172. 舅舅的礼物 ···························· (73)

173. 给同学讲故事 ························ (74)

174. 寒假开始了 ·························· (74)

175. 我的寂寞 ···························· (74)

176. 爱幻想的爱玛 ························ (75)

177. 惊慌的人 ···························· (75)

178. 她的恐惧 ···························· (76)

179. 每天的痛苦 ·························· (76)

180. 希望的破灭 ·························· (77)

181. 别人羡慕的幸福 ····················· (77)

182. 收到的信 ···························· (77)

183. 坚定的信心 ·························· (78)

184. 手里的传单 ·························· (78)

185. 增加的店员 ·························· (79)

186. 第一次的任务 ························ (79)

187. 爸爸的身影 ·························· (80)

188. 餐桌上的花瓶 ························ (80)

189. 优异的成绩 ·························· (81)

190. 失败的实验 ·························· (81)

191. 打碎的鱼缸 ·························· (82)

192. 两张电影票 ·························· (82)

193. 爱学习的孩子 ························ (83)

194. 书包里的钱 ·························· (83)

195. 捡到的钱 ···························· (83)

196. 生命的承诺 ·························· (84)

197. 保护地球 ···························· (84)

198. 学海无涯 ···························· (84)

199. 平凡的美丽 ················ （85）

200. 心是一棵树 ················ （85）

201. 洁白的画纸 ················ （85）

202. 记忆中的人 ················ （86）

203. 数学作业 ·················· （86）

204. 暑假旅行 ·················· （86）

205. 第一次坐海盗船 ············ （87）

206. 战胜考试恐惧 ·············· （88）

207. 雨中的舞蹈 ················ （88）

208. 老师的夸奖 ················ （89）

209. 乡间的小路 ················ （89）

210. 一百分的奖励 ·············· （89）

211. 温暖的话 ·················· （90）

212. 心里的笑 ·················· （90）

213. 遥望黄河水 ················ （90）

214. 我的奖品 ·················· （90）

215. 人们的鼓励 ················ （91）

216. 储藏柜里的宝贝 ············ （91）

217. 三好学生 ·················· （92）

218. 期末的告别 ················ （92）

219. 一等奖得主 ················ （92）

220. 逛公园 ···················· （92）

221. 漂亮的新鞋 ················ （93）

222. 妈妈的背影 ················ （93）

223. 作家妈妈 ·················· （93）

224. 手里的冰糕 ················ （94）

225. 记忆中的红菱 ·············· （94）

226. 故乡的景色 ………………………………… （94）

227. 屋子里的叫声 ……………………………… （94）

238. 劳动者的心情 ……………………………… （95）

229. 紧张 …………………………………………… （95）

230. 学校的春游 ………………………………… （96）

231. 寻人 …………………………………………… （96）

232. 第一次坐飞机 ……………………………… （96）

233. 写日记 ………………………………………… （97）

234. 球技 …………………………………………… （97）

235. 害怕打针的我 ……………………………… （97）

236. 风琴比赛 …………………………………… （98）

237. 下雨天 ………………………………………… （98）

238. 主席台上的我 ……………………………… （98）

239. 试卷上的分 ………………………………… （99）

240. 焦急的考试 ………………………………… （99）

241. 考场上的铃声 ……………………………… （99）

242. 考试的压力 ………………………………… （99）

243. 遭遇小偷 …………………………………… （100）

244. 回家晚了 …………………………………… （100）

245. 寻找尺子 …………………………………… （100）

246. 参赛现场 …………………………………… （101）

247. "灾难" 的来临 …………………………… （101）

248. 奔跑着前进 ………………………………… （101）

249. 我的课本 …………………………………… （102）

250. 荡秋千 ……………………………………… （102）

251. 山里的夜 …………………………………… （103）

252. 铁轨上的灯光 ……………………………… （103）

253. 手榴弹 …………………………………… (103)

254. 书店的小偷 …………………………… (103)

255. 桥上的我 ……………………………… (104)

256. 桌脚上的花瓶 ………………………… (104)

257. 释放的人 ……………………………… (105)

258. 第一次"做贼" ………………………… (105)

259. 发疯的汽车 …………………………… (106)

260. 海娃的口袋 …………………………… (106)

261. 一角钱 ………………………………… (106)

262. 算盘的声音 …………………………… (107)

263. 清朗的夜色 …………………………… (107)

264. 撞车 …………………………………… (107)

265. 不详的预感 …………………………… (108)

266. 不安的心 ……………………………… (108)

267. 他和老师谈话 ………………………… (108)

268. 数学测验 ……………………………… (108)

269. 紧闭的门窗 …………………………… (109)

270. 家里的节奏 …………………………… (109)

271. 撞人之后 ……………………………… (109)

272. 海上的危机 …………………………… (110)

273. 桌子下的手工 ………………………… (110)

274. 停电的房间 …………………………… (110)

275. 阴森的峡谷 …………………………… (111)

276. 站在跳台上 …………………………… (111)

277. 心里的想念 …………………………… (111)

278. 思念 …………………………………… (111)

279. 想念爷爷 ……………………………… (112)

280. 我的呼唤 ………………………………… (112)

281. 破裂的照片 ………………………………… (112)

282. 外婆的爱 ………………………………… (113)

283. 异国的爸爸 ………………………………… (113)

284. 想念妈妈 ………………………………… (113)

285. 父女之情 ………………………………… (113)

286. 我思念的姥爷 ………………………………… (114)

287. 我和妈妈的回忆 ………………………………… (114)

288. 奶奶的影子 ………………………………… (114)

289. 天真的笑脸 ………………………………… (114)

290. 可怜的朋友 ………………………………… (115)

291. 我思念的学校 ………………………………… (115)

292. 一盆花 ………………………………… (115)

293. 奶奶的唠叨 ………………………………… (115)

294. 童年的二姐 ………………………………… (116)

295. 内心的焦虑 ………………………………… (116)

296. 被扰乱的心 ………………………………… (116)

297. 忧愁与痛苦 ………………………………… (116)

298. 空座位 ………………………………… (117)

299. 学习与游戏 ………………………………… (117)

300. 教室里的叹息声 ………………………………… (117)

301. 爸爸的连队 ………………………………… (118)

302. 复习功课 ………………………………… (118)

303. 我的懊悔 ………………………………… (118)

304. 抄作业 ………………………………… (119)

305. 试卷 ………………………………… (119)

306. 喉咙里的话 ………………………………… (119)

307. 沉重的心 ………………………………… (120)

308. 离家出走 ………………………………… (120)

309. 丢失的衣服 ……………………………… (120)

310. 救人 ……………………………………… (121)

311. 悔恨 ……………………………………… (121)

312. 悔恨的心 ………………………………… (121)

313. 时间倒转 ………………………………… (122)

314. 不平凡的人 ……………………………… (122)

315. 吸引人的邮票 …………………………… (122)

316. 垒球赛场 ………………………………… (123)

317. 我想变成一棵树 ………………………… (123)

318. 好心情 …………………………………… (123)

319. 不平静的心 ……………………………… (124)

320. 高大的妹妹 ……………………………… (124)

321. 爸爸的承诺 ……………………………… (124)

322. 胸前的红领巾 …………………………… (124)

323. 动人的场面 ……………………………… (125)

324. 妈妈的院子 ……………………………… (125)

325. 听歌 ……………………………………… (125)

326. 建设祖国 ………………………………… (125)

327. 自己的小屋 ……………………………… (126)

328. 副班长 …………………………………… (126)

329. 童年的梦 ………………………………… (127)

330. 我的自卑 ………………………………… (127)

331. 心中的希望 ……………………………… (127)

332. 我的自负 ………………………………… (127)

333. 爸妈的影响 ……………………………… (128)

334. 心里的酸 ……………………………………… (128)

335. 蝴蝶的发现 ……………………………………… (128)

336. 痛苦的热泪 ……………………………………… (128)

337. 我的深思 ……………………………………… (129)

338. 波动的心 ……………………………………… (129)

339. 心中的忧伤 ……………………………………… (129)

340. 生活的挫折 ……………………………………… (130)

341. 杜鹃啼鸣 ……………………………………… (130)

342. 不懂事的我 ……………………………………… (130)

343. 买票的小女孩 ……………………………………… (131)

344. 老桃树 ……………………………………… (131)

345. 生活的情趣 ……………………………………… (131)

346. 我的勇气 ……………………………………… (132)

347. 我的电影票 ……………………………………… (132)

348. 改正缺点 ……………………………………… (132)

349. 班级的竞选 ……………………………………… (133)

350. 我的选择 ……………………………………… (133)

351. 语文成绩 ……………………………………… (134)

352. 脑海中的身影 ……………………………………… (134)

353. 语文练习册 ……………………………………… (135)

354. 漫长的路 ……………………………………… (135)

355. 孝顺的爸妈 ……………………………………… (135)

356. 玩钢笔 ……………………………………… (136)

357. 偷吃罐头 ……………………………………… (136)

358. 囫囵吞枣 ……………………………………… (137)

359. 开考之后 ……………………………………… (137)

360. 改正坏毛病 ……………………………………… (138)

361. 我的惭愧 ……………………… (138)

362. 我的高兴 ……………………… (139)

363. 我的害怕 ……………………… (139)

364. 我的求救 ……………………… (139)

365. 相信孩子 ……………………… (140)

366. 雨后的夜晚 …………………… (140)

367. 回宿舍的路 …………………… (141)

368. 掀起的试卷 …………………… (141)

369. 麦场 …………………………… (141)

370. 最后一堂课 …………………… (142)

371. 凡卡的信 ……………………… (142)

372. 我的羞愧 ……………………… (143)

373. 满意的分数 …………………… (143)

374. 让人兴奋的考卷 ……………… (143)

375. 他的痛苦 ……………………… (144)

376. 佝偻的老板娘 ………………… (144)

377. 英雄行为 ……………………… (145)

378. 楼梯口的饭盒 ………………… (145)

379. 善良的大臣 …………………… (146)

380. 看戏 …………………………… (146)

381. 期中考试之后 ………………… (147)

382. 我受到了批评 ………………… (147)

383. 令人担忧的成绩 ……………… (148)

384. 参加缝包比赛想到的 ………… (148)

385. 得了 100 分以后 ……………… (149)

386. 改选 …………………………… (150)

387. 得了喜报以后 ………………… (151)

388. 骄傲的"下场" …………………………… (151)

389. 我领到了"三好学生"奖状 …………… (152)

390. 赴考路上 ………………………………… (152)

391. 心事 ……………………………………… (153)

392. 当我听到老师表扬时 …………………… (154)

393. 为了抢救大熊猫 ………………………… (154)

394. 打碎玻璃以后 …………………………… (155)

395. 没有写完作业 …………………………… (155)

396. 他的小羊羔 ……………………………… (156)

397. 秘密的愿望 ……………………………… (156)

398. 起伏的思潮 ……………………………… (156)

399. 武松打虎 ………………………………… (157)

400. 养成好习惯 ……………………………… (157)

401. 公布的分数 ……………………………… (157)

402. 断线的泪珠 ……………………………… (158)

403. 女娃上学 ………………………………… (158)

404. 流淌的小溪 ……………………………… (158)

405. 心理的想念 ……………………………… (158)

406. 美妙的诗句 ……………………………… (159)

407. 三借芭蕉扇 ……………………………… (160)

408. 书店里的老人 …………………………… (160)

409. 唯一的亲人 ……………………………… (161)

410. 美妙的旋律 ……………………………… (161)

411. 最动听的声音 …………………………… (161)

412. 岸边的沙滩 ……………………………… (162)

413. 等待"判决" …………………………… (162)

414. 桌面上的小木棍 ………………………… (163)

415. 火柴游戏 ………………………………… (163)

416. 忧伤的晚宴 ……………………………… (164)

417. 思念的影子 ……………………………… (164)

418. 陶醉的欢乐 ……………………………… (165)

419. 海边捕鱼 ………………………………… (165)

420. 她的恐惧 ………………………………… (165)

421. 脑海里的身影 …………………………… (166)

422. 地板上的人影 …………………………… (166)

423. 阿 Q 的精神 ……………………………… (166)

424. 挣扎的心 ………………………………… (167)

425. 桑娜的忐忑 ……………………………… (167)

426. 百万富翁的衣服 ………………………… (168)

第三章　心理写作好句 ……………………… (169)

1. 喜悦 ……………………………………… (170)

2. 悲伤 ……………………………………… (171)

3. 恐惧 ……………………………………… (172)

4. 愤怒 ……………………………………… (174)

5. 赞美 ……………………………………… (176)

6. 思念 ……………………………………… (176)

7. 梦幻 ……………………………………… (177)

8. 决心 ……………………………………… (177)

9. 憎恶 ……………………………………… (178)

第四章　心理写作好词 ……………………… (179)

1. 喜悦 ……………………………………… (180)

2. 悲伤 ……………………………………… (180)

3. 恐惧 …………………………………………………… (181)

4. 愤怒 …………………………………………………… (181)

5. 赞美 …………………………………………………… (182)

6. 思念 …………………………………………………… (182)

7. 梦幻 …………………………………………………… (182)

8. 决心 …………………………………………………… (183)

第一章

心理写作指导

1. 什么叫心理描写

心理描写是指在文章中，对人物在一定的环境中的心理状态、精神面貌和内心活动进行的描写。是作文中表现人物性格品质的一种方法。最常用的是描写人物的内心独白，写出人物的所思所想，让人物一无遮掩地吐露自己的心声，说出他的欢乐和悲伤、矛盾和愁郁、忧虑和希望，使读者穿透人物外表，看到人物的内心世界。

通过对人物心理的描写，能够直接深入人物心灵，揭示人物的内心世界，表现人物丰富而复杂的思想感情。作者塑造人物形象，可供运用的方法是很多的，其目的都是为了展示人物的精神世界和性格特征。心理描写的目的也是如此，跟肖像描写、语言描写等方法相比，心理描写能够直接叙写人物的七情六欲，揭示人物灵魂深处的奥秘，把单靠外部形象难以表现的内心感受揭示出来，使文学作品中的人物形象立体化，从而显得更为完整和真实。

2. 心理描写的表现形式

法国作家雨果说过："有一种比海更大的景象，是天空；还有一种比天空更大的景象，那就是人的内心世界。"人的心理活动的复杂多样，决定了心理描写具有多种多样的表现形式。常见的有以下几种：

（1）内心独白

一般使用第一人称。犹如电影中人物思考时的画外音，是倾吐衷肠、透露"心曲"的一个重要手段。

(2) 动作暗示

人的动作、行为总是受心理活动的支配，从行动中刻画人物的心理活动，揭示人物在特定环境下的内心世界，是心理描写的又一表现形式；

(3) 景物烘托

即绘景而显情。作品中出现的景物，往往是"人化的自然"，渗透了人物的特定心情。

(4) 心理概述

又称心理剖析，是作者对人物内心活动的直接描述，一般使用第三人称。由于作者是以旁观者的身份对人物的内心世界进行剖析、评价，因此不但便于比较细腻地表现人物当时当地的思想活动，还可以有进展地概述人物在一段时间内的感情变化，内心斗争，在行文中比较灵活方便。

心理描写要成为塑造人物形象的有效手段，首先要求抓住人物的本质特征，使心理描写符合人物性格发展的逻辑，成为多方面展现人物性格并完成人物形象塑造的有机组成部分。不要兴之所至，信笔写去，游离了人物而空发议论、徒作感叹，使心理描写成为累赘。

心理描写要实事求是，恰如其分。不可主观臆造，不可无限制扩大。过于冗长繁琐的心理描写，非但达不到真切感人的目的，反而会令人生厌。只有当它和肖像描写、行动描写、语言描写等多种写作手段有机地结合起来，才能产生良好的效果。

3. 心理描写常用方法

(1) 直接描写式

这是最为常见的运用最广泛的一种人物心理描写法，有的句子中含有"想"等关键的字眼作为明显的标志。"想"字或出现在心理活动之前，或出现在心理活动之后。"想"字后有的用"逗号"，有的用"冒号"等做标示。

例如在《陈奂生上城记》中有这样一段描写：

> 推开房间，看看照出人影的地板，又站住犹豫："脱不脱鞋?"一转念，忿忿想到："出了五块钱呢!"再也不怕脏，大摇大摆走了进去，往弹簧太师椅上一坐："管它，坐瘪了不关我事，出了五元钱呢。"

以上的心理描写就属于直接描写式，它非常恰当的将陈奂生患得患失、狭隘自私的小农经济的心理描写了出来。

同样的例子在《阿Q正传》里面也有：

> 阿Q在形式上打败了，被人揪住黄辫子，在壁上碰了四五个响头，闲人这才心满意足的得胜的走了，阿Q站了一刻，心里想，"我总算被儿子打了，现在的世界真不象样……"于是心满意足的得胜的走了。

以上的心里描写虽然很简洁，但很好的揭示了人物的性格特征，将阿Q的精神胜利法活化了出来。

（2）抒情独白式

这种刻画人物心理的方法，是用抒情的笔法展示人物的内心矛盾和思想斗争。如下面的例子：

> 我一边跑一边想：看样子是难以逃脱了。扔了米跑吧，

山上急等着用粮食，舍不得丢，——而且就是扔了也不一定能逃得脱；不扔吧，叫敌人追上了也是人粮两空。怎么办呢？……这时，洪七还紧跟着我，呼哧呼哧直喘气呢。我听着他的喘气声，蓦地想出了一个法子。可是当我这样想着的时候，我自己不由得浑身都颤抖了起来：儿子，多好的儿子……这叫我怎么跟他妈交代呢。……可是，不这样又不行，孩子要紧，革命的事业更要紧！也许我能替了孩子，可孩子替不了我呀！……

以上的文段，心理描写非常成功。

作者用抒情的笔法，写"我"与儿子洪七给山上的红军送粮，在途中遇到了敌人。在万分危急的情况下，是牺牲儿子保护粮食，还是保护儿子？"我"的内心斗争非常激烈，心情极度矛盾、复杂。最后，"我"毅然牺牲了儿子，使"我"的崇高品质得到了最好的表现。

(3) **梦境描绘式**

这是一些学生容易忽略的心理描写法。梦境是人所想的集中表现，它同样能揭示人物的性格特征，深化文章的主题等。描绘梦境的文字较多，下面选一较短的进行说明：

这里宝玉昏昏默默，只见蒋玉菡走了进来，诉说忠顺府拿他之事；只见金钏儿进来哭说为他投井之情。宝玉半梦半醒，都不在意。忽又觉有人推他，恍恍忽忽听得有人悲戚之声。宝玉从梦中惊醒，睁眼一看，不是别人，却是林黛玉。

以上文字，作者就描写了梦境。它既揭示出了宝玉关心体贴少女，思想叛逆，具有民主思想的性格特征，又反映出当时社会中，处于下层地位的人任人宰割的不合理的黑暗现实。

（4）心理分析式

这种心理描写的方法在西方的一些小说中很常见。即通过剖析人物的心理来展现人物的内心世界，让读者对人物的所思所想更加明了。

如，莫泊桑在小说《项链》中就运用了心理分析式。他用"她一向就想望着得人欢心，被人艳羡，具有诱惑力而被人追求"，表现玛蒂尔德希望摆脱寒酸、暗淡、平庸的生活，置身于上流社会，成为生活优裕、受人奉承的高贵夫人的梦想；通过"她陶醉于自己的美貌胜过一切女宾"，表现她自觉颇有姿色，具有跳出平庸家庭，爬进上流社会的资本的自信心。

（5）神态显示式

这种描写法是通过写人物的神情来显示人物内心的感情。如，我们常用"他瞥了一眼"或"他撇了撇嘴"等，来表现对人的轻视。

又如，鲁迅先生在《故乡》中对闰土神情的描写，在《祝福》中对祥林嫂神态的描写等，都很恰当的表现出了人物的内心感受，将人物的情感很好的揭示出来，很值得读者去品味。

（6）行动表现式

即在小说、戏剧、记叙文中恰当的描写人物富有鲜明个性的动作，传神地揭示出人物的心理活动。

如，鲁迅先生在《孔乙己》中对孔乙己"排出九文大钱"的动作描写，反映了孔乙己得意、炫耀的心理；施耐庵在《林教头风雪山神庙》中对林冲听说陆谦追杀至沧州，不觉大怒，于是用了"买""带""寻"等几个连续的动词，表现出林冲报仇急切的激愤心理。

（7）环境衬托式

在小说、戏剧、散文和记叙文中，环境描写是不可缺少的。恰当的环境描写既对刻画人物、反映主题起到很好的作用，又能增添文章的美感。同时，还能衬托出人物的心理。

如，鲁迅在《社戏》中写小伙伴们划船去听戏路途中的景物描写，孙犁在《荷花淀》中对妇女们划船找丈夫时的景物描写，和遇到敌人时的景物描写等，都恰当衬托出了人物的心情。

衬托人物心情的景物描写要求作者抓住景物特征，紧扣人物的心理，最好从视觉、嗅觉、触觉、听觉等方面着墨，将人物的悲喜之情恰当的衬托出来。

一个人在不同的心情时看相同的景物，会产生不同的感受，因为人对使自己心灵产生感应的事物特别敏感，因此人的眼睛能根据自己的心情选择景物，并伴随着强烈的主观感受。

人物的性格、情绪一般都可以通过景物描写来反映。古诗文中就常有"采菊东篱下，悠然见南山"的闲适之心，也常有"感时花溅泪，恨别鸟惊心"的悲伤之感，这种寄情于景、借景抒情的写法，能够收到"状难写之景于眼前，含不尽之意于言外"的效果。

通过描写周围的环境而反映人物的心理。人与外界环境是相互作用相互影响的，阴天，人物的心情抑郁，晴天，人物的心情开朗。当然，这里说的是就一般文学的真实性而非现实的真实性而言。因为在现实生活中，谁也不能保证晴天没有抑郁的人，阴天没有高兴的人。但在文学中，讲的是一种艺术的真实，为了这种艺术的真实，很多时候单从一个侧面描写，对于形象的刻画达不到想要的效果，所以还需要从更多的侧面来反映所要描写的主体。比如描写人物悲伤的心情，除了从上述的角度描写，有时候就需要从当时的天气阴晴、温度高低冷暖、季节灰黄不同、秋风落叶不一的特点，等等，来衬托人物的不同心情。这样不仅把悲伤的程度更加深化了，而且使你的文章更加生活化、真实化、空间化、立体化，有了一定的张力和内涵。

值得强调的是，直接描写人物的心理活动，一定要切合人物的年龄、身份和性格特征。心理描写的文段不宜过长，否则会使文章沉闷，有损人物形象的生动性。

(8) 幻觉展现式

这种人物心理的描写，是通过对人物幻觉的展示，来刻画人物的心理，能揭示文章的主题。请看下面一段文字：

　　她的一双小手几乎冻僵了。啊，哪怕一根小小的火柴，也会对她有好处的！她敢从成把的火柴里抽出一根，在墙上擦燃了，暖和暖和手吗？她抽出了一根火柴。哧！燃起来了，冒出火焰来了！她把小手拢在火焰上。多么温暖多么明亮的火焰啊，简直像一支小小的蜡烛。这是一道奇异的火光！女孩觉得自己好像坐在一个装着闪亮的铜脚铜捏手的大火炉前面。火炉里的火烧得旺旺的，暖烘烘的，她觉得多么舒服啊！但是——怎么回事呢？——她刚把脚伸出去，想把脚也暖和一下，火柴灭了，火炉不见了。她只拿着一根烧过了的火柴，坐在那儿。

　　她又擦了一根。火柴燃起来了，发出亮光来了。亮光落在墙上，那儿就变得像薄纱那么透明，她可以从那儿一直看到屋里：桌上铺着雪白的台布，摆着精致的盘碗，填满了苹果和葡萄干的烤鹅正冒着热气。更妙的是，这只鹅从盘子里跳下来，背上插着刀和叉，摇摇摆摆地在地板上走着，一直向这个可怜的小女孩走来——这时候，火柴又灭了，面前没有别的，只有一堵又厚又冷的墙。

以上的幻觉描写，很好的刻画出小女孩天真、单纯和对温饱渴求的心理。同时，又深刻的揭露了资本主义社会的不平和黑暗。

(9) 内心独白

所谓内心独白，是描写心理的叙述手法之一，它是一种依赖语言的意识活动。其主要特征有三个，即"内心"、"独"和"白"。"内心"即默然无声，"独"即无人对答，"白"即依赖语言。一言以蔽之，内心独白即独自无声的语言意识。就是让人物说出他自己的思想感情，或对某一问题的看法、想法。可以对人物进行细腻的心理刻画，让人物直抒胸臆、坦陈心迹、淋漓尽致地揭示人物最隐秘的内心世界，让读者更真实更直接地了解人物性格，往往能取得真切感人甚至震撼人心的艺术效果。

(10) 梦境幻觉

梦境、幻觉描写是一种特殊的心理描写。作家通过对人在梦境里、幻觉中产生的感觉的描写，表达人物的某种心境、意念，特殊曲折地反映客观，加强艺术效果。人物的心理用梦境和幻觉表现，能增添抒情和浪漫色彩，梦中或喜或悲、或笑、或泣，往往是人们在现实生活中的感情的曲折反映，可以表达人们各种真实的情感。

4. 心理描写的作用

心理描写在文学创作中所起的重要作用是显而易见的。首先，它有助于突出作品的主题思想。如都德的《最后一课》，通过最后一堂课对小弗朗士严肃而深刻的教育，使他思想受到极大震动，开始觉醒并逐渐成熟起来。其中写了他的一段天真的内心独白：

> 从此，我再也学不到法文了！只能到此为止了……我这时是多么后悔啊，后悔过去浪费了光阴，后悔自己逃了学去

掏鸟窝，到沙亚河上去滑冰！我那几本书，文法书，圣徒传，刚才我还觉得背在书包里那么讨厌，显得那么沉，现在就像老朋友一样，叫我舍不得离开。对哈迈尔先生也是这样，一想到他就要离开这儿，从此再也见不到他了，我就忘记了他以前给我的处罚，忘记了他如何用戒尺打我。

这段心理描写，深刻表现了法国孩子们对侵略者强烈的憎恨对祖国无比热爱之情，突出了作品的主题思想。

其次，它有助于刻划人物的性格特征和揭示人物的身份、境遇。比如在《红楼梦》三十二回中，当黛玉听到宝玉背地里跟史湘云、袭人说她从来不说那些"仕途经济"的"混账话"以后，作者黛玉的内心活动作了极为精彩的描绘：

黛玉听了这话，不觉又喜又惊，又悲又叹。所喜者：果然自己眼力不错，素日认他是个知己，果然是个知己。所惊者：他在人前一片私心称扬于我，其亲热厚密，竟不避嫌疑。所叹者：你既为我的知己，自然我亦可为你的知己，既你我为知己，又何必有"金玉"之论，也该你我有之，又何必来一宝钗呢？所悲者：父母早逝，虽有铭心刻骨之言，无人为我主张；况近日每觉神思恍惚，病已渐成，医者更云："气弱血亏，恐致劳怯之症。"我虽为你的知己，但恐不能久待；你纵为我的知己，奈我薄命何！

这段心理描写，将人物内心深处细微曲折复杂的感情表现了出来，极大胆地丰富了人物性格，同时，也深刻揭示了黛玉孤苦无依的身份以及父母早逝、婚姻无人作主的可怜境遇。

再次，它有助于展示情节的发展变化。列夫·托尔斯泰是位擅长心理描写的巨匠，他在《复活》中写玛丝洛娃在监狱里以犯人身份会见前来探视她的贵族地主聂赫留道夫：

玛丝洛娃怎么也没想到会看见他，特别是在此时此地。因此最初一刹那，他的出现使她震惊，使她回想起她从不回想的往事。

往下，就进入往事的回忆。起初，她心头掠过一丝美好的回忆，因为站在她面前的这个人曾经爱过她并且为她所爱；接着，她想起他的残忍作为，想起他留给她的痛苦和屈辱。这些至今仍象磐石一样压迫着她，使她无法摆脱。她痛恨这个毁了她幸福的人，于是记忆中那种爱情的幻境顿时化为泡影。但她根据自己的生活经验又想利用他一下。这段心理描写既暗示着聂赫留道夫后来应允为她请律师的情节，也预示着他希望用对玛丝洛娃的描写有助于表现人与人之间的关系，有助于反映社会生活的本质。

5. 心理描写常用词语

(1) 高兴

快活　开心　快乐　欢乐　喜悦　快慰　　愉悦　愉快　畅快　大喜　狂喜　欣喜　喜洋洋　喜滋滋　兴冲冲　　乐融融　乐陶陶　乐呵呵　乐悠悠　甜滋滋　兴高采烈　兴致勃勃　　欢呼雀跃　兴趣盎然　手舞足蹈　欢天喜地　称心如意　心满意足　　欢欣鼓舞　喜出望外　喜上眉梢　喜笑颜开　喜形于色　眉飞色舞　　乐不可支　心旷神怡

心花怒放　欣喜若狂　洋洋自得　满面春风　自得其乐

(2) 悲哀

悲伤　悲惨　悲戚　悲痛　悲切　悲叹　悲观　悲悯　哀叹　哀愁　哀怨　哀痛　哀思　哀鸣　怅然　凄切　痛苦　痛切　伤心　伤感　心如刀割　痛不欲生　痛心疾首　悲痛欲绝　欲哭无泪　乐极生悲　慷慨悲歌

(3) 忧愁

忧虑　忧伤　郁闷　愁苦　焦虑　顾虑重重　满腹疑虑　坐立不安　惴惴不安　忧心忡忡　心事重重　心烦意乱　心乱如麻　心神不定　心急如焚　心急火燎　五脏俱焚　愁眉不展　愁眉苦脸　满面愁容　双眉紧蹙

(4) 愤恨

愤然　愤懑　愤慨　愤恨　憎恶　怨恨　痛恨　仇恨　愤愤不平　疾恶如仇　深恶痛绝　令人发指　义愤填膺　切齿痛恨　深仇大恨　抱恨终身

(5) 发怒

恼怒　激怒　怒火中烧　恼羞成怒　火冒三丈　怒发冲冠　怒气冲天　拂袖而去　勃然大怒　大发雷霆　暴跳如雷　怒不可遏　怒形于色　面有愠色　满面怒容　怒目圆睁

(6) 惊恐

惊慌　惊骇　惊吓　害怕　惧怕　畏惧　恐慌　恐怖　心惊胆战　胆小怕事　畏首畏尾　提心吊胆　做贼心虚　心有余悸　惊慌失措　张皇失措　如坐针毡　惊魂未定　惊恐未定　惊恐万状　战战兢兢　面如土色　失魂落魄　心惊肉跳　胆颤心惊　不寒而栗　心胆俱裂　魂不附体

6. 心理描写注意事项

(1) 抓住人物特征

心理描写要成为塑造人物形象的有效手段，首先要求抓住人物的本质特征，使心理描写符合人物性格发展的逻辑，成为多方面展现人物性格并完成人物形象塑造的有机组成部分。不要兴之所至，信笔写去，游离了人物而空发议论、徒作感叹，使心理描写成为累赘。

心理小说的情节叙事简单，事件平凡朴实，大量的心理描写为塑造人物性格服务，通过心理描写表现人物的复杂性格。如性格中的反抗与妥协、自尊与自卑、多疑与敏感、感性与理性的性格特征和气质特点都通过心理描写刻画得淋漓尽致。情爱与母爱、反抗与激情的性格冲突在心理描写中也得到充分表现。

(2) 心理描写要实事求是

不可主观臆造，不可无限制扩大。过于冗长繁琐的心理描写，非但达不到真切感人的目的，反而会令人生厌。只有当它和肖像描写、行动描写、语言描写等多种写作手段有机地结合起来，才能产生良好的效果。

(3) 心理描写从属于情节

心理描写依附于情节，不具独立性。情节触动引发了心理描写，并把心理描写串连起来，体现了传统小说叙述的线性因果关系。它不同于现代心理小说独立存在的意识流描写。

心理小说中的人物经历和心理描述互为层次，有机结合。情节好似引河，心理描写好似水流，它盈满河道，充畅情节，构成了以心理描述为主的叙事结构。情节心理化通常表现为三种情况：引发式、插入式和夹叙式。引发式是以一个很小的事件为引子，以此引出大量的心理描述。插入式是在心理叙述中插入现实描写的细节。夹叙式是一边叙述情节，一边心理描述，叙述引出心理描述，心理描述又带出情节。

（4）心理描写的合理性

写人物的心理活动，应写特定的人物在特定的环境中必然产生的心理活动，不能为心理描写而进行心理描写。要在关键的情节、动作、表现出现时，才伴之以心理描写。

写心理活动，要努力写人物细微的感情波澜和复杂的心理变化过程。人物的性格决定了人物的心理，人物的内心活动可表现人物的个性。心理描写要为突出人物思想性格服务。具体来说，心理描写可显示人物年龄及身份和推动故事情节发展，突出文章主题。

第二章

心理写作好段

1. 入队

下午，举行入队仪式的时候，高年级的大姐姐们给我们新队员戴上鲜艳的红领巾，我们别提心里有多高兴了。在队旗下，我们庄严宣誓："准备着……"最后，大哥哥、大姐姐们还表演了节目，他们演得真好。自己成了一名少先队员，今后更要好好学习，天天向上。

2. 看判卷

题目全检查完了，他大步走上讲台，把卷子交给老师，站在一旁看老师批阅。他的心怦怦地跳着。一题，对了！二题，对了……随着大红钩的增加，他那绷得紧紧的心弦渐渐松驰下来。这次满分一定十拿九稳了。他情不自禁地轻轻摇晃着脑袋，高兴得差点叫出声来。

3. 分数公布以后

分数公布了，陈静看着自己的成绩单，激动得满脸绯红，心里像有只小鹿，在欢乐地蹦跳。半年来自己的心血并没有白费，那废寝忘食的苦读，那孜孜不倦的钻研，那虚心实意的求教，以及由此带来的身心劳累，此刻，都化作了甜蜜的果实，奉献在她的面前，这是劳动的报偿，这是汗水的结晶啊！

4. 大考以后

清晨，我背上书包，兴高采烈地向学校走去。一路上，阳光灿烂，松柏苍翠，小鸟在树上叫个不停。我蹦蹦跳跳地走着，一会儿闻鲜花，一会儿摸树叶，要知道，这次大考，我的语文、数学、外语平均分数在 96 分以上，"三好学生"当然是我啦！我想着想着，笑了。

5. 英语得了 100 分

英语测试得了 100 分，我抑制不住内心的喜悦，像小鸟一样飞进了家门。

6. 梦

我不知不觉进入梦境，梦见自己长出了五色的翅膀，在蓝天里飞呀飞，真是快乐无比。

7. 观鱼游

溪水浅的地方，游着一群只有韭菜叶那么细的小青鱼，它们是那样机灵，只要微风拂过水面或一片叶子落下来，它们就立刻散开，一会儿又聚成一群，那亲亲热热交头接耳的样子，好像永远有说不完的悄悄话。我真想来个"鱼跃"，跳入水中和鱼儿们玩耍玩耍。

8. 下棋

于是我立即组织强攻，爸爸被我打得落花流水、节节败退。不一会儿，我把爸爸的老将"将"上了。这下爸爸可冒汗了。我看他那苦苦思索的样子，差点笑出声来。我洋洋得意地扫视了一下棋盘，就回身拿过一本小人书看了起来。正当我看得津津有味的时候，忽然听见"啪"的一声，我吓了一跳，原来是爸爸跳马把我"将"死了。

9．妹妹脸上乐开花

此时妹妹的脸上也乐开了花，她亲昵地偎依在老师的身旁，就好像躺在母亲的怀里。妹妹笑了，笑得那么甜。这是出自内心的笑，她为自己有这样一位可亲可敬的老师感到温暖和幸福。

10．好爸爸

爸爸从做工作起就义务为一位年过七旬的孤单老人——陆奶奶送煤，还经常帮助老人做家务活，二十几年没有间断过。我和姐姐长大了，爸爸还经常嘱咐我们去看望老人家。逢年过节，爸爸总是买上好吃的，送给陆奶奶。在爸爸以及我们全家的照料下，老人身体健康，精神愉快，逢人便讲："我虽然没有孩子，但小丁胜过亲儿子。"邻居们都夸我爸爸是个"活雷锋"。我听了心里美滋滋的，真为有这样的好爸爸感到自豪。

11．看电视

小小的电视屏幕上传来好消息，熊倪获第 26 届奥运会跳板跳水冠军啦！他抱着美丽的鲜花微笑着，眼睛里闪动着激动的泪花，他心中该多么幸福多么自豪啊！我为他感到欣喜，感到快慰。

12．新式连衣裙

一个夏天的早晨，我穿着妈妈给我买的绿纱连衣裙去上学。同学们见了，都连声称赞我的连衣裙样式新，颜色美，还合身。我的同桌好友王翠丽尤其羡慕我，还问我是谁给买的。我当然十分得意，走起路来昂首挺胸，神气十足，好像要让大家都知道我穿着新式连衣裙似的。

13. 战友间的关怀

我刚想命令大家把苹果吃了，忽然觉得防空洞里格外沉静。我看见步机员小李的面颊上闪动着晶莹的泪珠，再看看周围，别的同志也都在擦眼睛。一瞬间，我的喉咙被心中激起的强烈感情堵住了。在这战火纷飞的夜晚，我被这种出自阶级友爱的战友间的关怀感动着，迸出了幸福的骄傲的泪花。

14. 雷锋式的战士

一阵冷风吹过，解放军叔叔打了个寒战。我的心随着一紧，关心地抬起头看看他。啊！原来他趁我不注意，把雨衣悄悄拉向我这一边，盖住了我的全身，而他自己，大半个身子露在雨衣外面，已经被雨水淋透了，被风一吹，怎么能不打寒战呢？他把自己应该得到的温暖，双手送给别人，而自己挨冻受冷，还不叫别人知道，真是雷锋式的战士啊！

15. 父子相逢

爷爷见到阔别40年的大儿子，竟然一时说不出话来。父子二人互相上下久久端详着，接着泪水像断了线的珠子往下掉……渐渐地两人脸上又露出幸福的笑容，这时真是百感交集，不知说什么才好！

16. 编织

陈秉正虽然不希望别人的手长成那样，可是他对自己已经长成那样的一双手，仍然觉得是足以自豪的。他那双手不但坚硬，而且灵巧。他爱编织，常用荆条编织各式各样的生产用具，还会用高粱秆子编成各式各样的儿童玩具。他编生产用具的时候，破荆条不用牛角塞子，只要把条分作三股，把食指塞在中间当塞子，吱吱吱……就破了，而他的手皮一点儿也磨不伤。可是他做起细活来，细得真想不到是用那两只粗糙的手做的。他用高粱秆子扎成的"叫哥哥"笼子，是有门有窗又分楼上楼下的小楼房。二寸见方的窗户上，窗格子还能做成好多不同角度的图案，图案中间的窟窿，连蜜蜂也钻不过去。

17. 妈妈的万能手

什么事都难不倒妈妈那"万能手"。就拿织毛衣来说吧，妈妈从来不买毛衣，而是靠她的"万能手"织毛衣。她织的毛衣穿在身上又好看，又舒服，亲友、邻居都向她请教、学习过。有一次，妈妈给我新织了件毛背心，刚出门，邻居们就围上来，摸摸这儿，看看那儿，也都想仿照着织一件。我只管大模大样地让他们看个够，让他们知道我妈妈是个特别有本事的人。

18. 赛祖先

今天上午下课，大伙都簇拥在一起，谈论着看《秦王李世民》这部电视连续剧的感想。我自豪地对大家说："你们看我的老祖宗——李世民，既能言善辩，精通诗文，又精通兵法，武艺高强，8岁就带兵打仗，而且把封建的中国社会推上了一条民富国强的道路。你们说，我们李家了不起吧。"这时，王必峰开口了："你们李家有什么了不起？我们王家才算天下好汉呢。你们看我们王家的英雄可多着呢，有大诗人王安石，书法家王羲之……"说着说着，他便报了一大堆姓王的名人。我也不甘示弱地反驳说："王安石有什么了不起？李白才算是天下的第一号大诗人呢。连诗圣杜甫对李白都佩服得五体投地，他曾经说过'白也诗无敌'，'笔落惊风雨，诗成泣鬼神'。王安石和李白比起来，王安石能算老几啊？"王必峰听我这么一说，好像被蜜蜂蜇了一下，气呼呼地转身径直走了。

19. 不比别人笨

童第周看着成绩单，心想："一定要争气，我并不比别人笨。别人能办到的事，我经过努力，一定也能办到。中国人并不比外国人笨，外国人认为很难办的事，我们中国人经过努力，也能办得到。"

20. 爸爸脸上无笑容

我们姐弟谁要是犯点小毛病，爸爸一点都不客气，是真批评呀！不把我们批评哭了，那才不放过呢。哪怕作业写得不好，也不放过。我心里真不高兴，暗暗地想：爸爸心中就有爷爷，对我们天天总是绷着个脸，一点笑容也没有。别家孩子的爸爸对自己的孩子可亲啦，我爸爸算什么好爸爸呀？

21. 妈妈是哑巴

本来么，周五下午是作文课，可倒霉就倒在《妈妈》这个作文题上。

教室里议论纷纷，我心里却像吞了一颗青梅，酸溜溜还带着苦味儿。我低垂着头，生怕别人看见自己难堪的表情。天哪！老师竟叫我起来谈自己的写作思路。我只觉得脑袋"嗡"地一下子，糊里糊涂地站了起来。耳边立即像炸了锅似的，"咋？叫她说！哈！她妈妈是个哑巴，干脆学学她妈呜里哇啦……"顿时我的脸像被谁狠狠抽了一耳光，火燎一般，泪水禁不住夺眶而出，我再也忍不住了，哭着跑出教室……

22. 买文具盒

妈妈顺手从我的书包里拿出了那个浅蓝色的旧文具盒，看了看我，用手指点着，说："你们瞧！这个文具盒的盖是有点瘪了，还有点变形，四个角也裂纹了，但不影响你装东西，还能用。"接着，妈妈故意提高嗓门说："谁同意买文具盒，举手！"我看了看，见爸爸、妈妈纹丝不动。我鼓勇气，慢慢地把手举过胸前，委屈的眼泪直在眼里打转。这时，妈妈又说："谁不同意买文具盒？"妈妈和爸爸不约而同，一下子把手举过头顶，我眼泪也就忍不住地掉了下来，举在胸前的手，也慢慢垂下来。

23. 真不明白

我最不喜欢我妈妈，因为她从不关心我，简直不像是我的妈妈。

妈妈只不过是一名小学教师，可是她却比大干部还忙。上班她比别人提早一个小时，下班她比别人推迟一个小时，家务事都落在可怜的爸爸身上了。有一次，我实在憋不住了，等妈妈一进门，就向她开了一炮："妈，你怎么才回来？"妈妈淡淡一笑："孩子，妈在学校批改作业呢!"晚上,我们都睡了,只有妈妈不睡,一个劲地看呀,写呀。我真不明白,老师备课比我们学生背书还难吗?

24. 从小没有手

收新学生的这一天到了,看着和我同岁的孩子穿着新衣裳,背着新书包,拉着大人的手一蹦一跳地去报名上学,我偷偷地躲在屋里流眼泪。

"三阳,开门!"妈妈又在外边叫。我不开门,我不想见妈妈,也不想见奶奶,我谁也不想见,我恨他们,谁让他们叫我从小没有右手呢?

25. 交学费

晚上,我回味着爸爸说的话,始终不能入睡。不错,学费是多,可老师也没有得到一分钱呀!是的,我就要告别亲爱的同学,可敬的老师,离开与我朝夕相伴的书本,我痛苦极了。我想读书,我渴望知识!我恨,恨自己为什么找不到钱交学费;我恨,恨爸爸为什么不理解女儿的心!

过了两天,老师又催学费了。是呀!老师也是在迫不得已的情况下才这样做的啊!但有谁能理解老师的难处呢?想到这,我痛苦的泪水夺眶而出。老师啊!我多么希望我能继续念书,时时看到你那慈祥的面容,听到你那亲切的话语!然而……

26. 学习不认真

有一次,我因为晚上看电视没有好好复习功课,第二天考试有几个解词没写对。此时，我真后悔没好好学习。唉！事已如此，着急又有什么用呢？只有以后认真学习！

27. 我不好

　　我的心中百感交集，真后悔买大衣，不该那样对待妈妈，不该……总之，千不该万不该，都是我不好。我含着眼泪对妈妈说："妈，您去休息吧，我来做饭。"妈妈抬起头，低声对我说："孩子，妈真高兴，你变得懂事了。"听到这儿，我的泪水夺眶而出。"妈……"我有千言万语要对妈妈讲，可喉咙像被什么东西卡住了似的，好半天才吐出这么一个字来。

28. 没听奶奶的话

　　唉，都怨他太犟，没听奶奶的话，非得往家走。这不，天空乌云滚滚而来，霎时天昏地暗，冷丁的一声炸雷，大雨瓢泼而下。在这前不着村后不着店的马路上豆大的雨点劈头盖脸地砸来，眨眼间他便成了落汤鸡。望着那黑沉沉的暮色，听着那令人害怕的雷声，走在这空无一人的马路上，他不由得感到一阵阵恐惧。他多么希望家里有个人来接他呀，路边的白杨树叶哗哗作响，好像在故意吓他，那黑森森的庄稼地里好像有个张牙舞爪的魔鬼。

29. 不该这么做

　　……这张邮票实在太吸引人了。于是，我起了歹念，趁萍萍不注意，迅速将那张邮票取出来夹进我的集邮簿中。这时，萍萍突然回过头来看我，我被她吓了一大跳，尝到了做贼心虚的味道。这时，萍萍说："丽丽，看看你的吧！""好的，给你。"我把邮票集递给她，她一边看一边说："这张我妈妈也有的。"并把它挑出来。当看到那张邮票时，我的心顿时提到了嗓子眼儿，她在阿姨的邮集里找了半天也没找到，她连忙跑去喊陆阿姨……我害怕极了，心里像有只小鼓在咚咚地敲，脚下一点力气也没有了。我赶快合上邮集，拖着沉重的脚步，低着头向陆阿姨说了声再见就回家了。

30．再也不抄作业了

我脸上火烧火燎的，心里悔恨极了。开学的第一天，我真不该抄别人的作业啊！爸爸、妈妈望子成"龙"，我偏要往泥里钻，做一条"泥鳅"。这件事我做得不对，请爸爸、妈妈、老师和同学们原谅，以后我再也不抄人家的作业了。

31．不应该看不起她

我的爸爸妈妈成天围着我转，对我无微不至地关怀，而她呢？没有母爱，没有……我的鼻子一酸，眼泪落了下来。我感到惭愧，不应该看不起她。我暗暗下了决心，一定要和她搞好团结，共同进步。

32．错怪小妹

想到这儿，我快步走到妈妈床边，掀开那只枕头，定睛一看。"啊！"我不禁叫出声来。只见那一大包巧克力赫然躺在那里，纸条上"祝亲爱的妈妈早日健康"几个字分外醒目。唉！我错怪了妹妹，没想到我俩竟有如此强烈的心灵感应。我真是太不应该了，真恨不得找一个地缝钻进去。

33．一个双目失明的人

我被眼前这一切感动了：那看不见的双眼，那颤抖的双手，那汗水雨水挂满了的脸颊。一个双目失明的盲人自己行走都很艰难，但是，他时刻想到的是别人，而不是自己。可我……泪水从我的眼眶里涌了出来。

34．珍惜友谊

我悔恨极了，一下子瘫软在椅子上。回想自己刚才荒唐的举动，心里难受极了，就为这么一个小小的胸花，自己却用话刺疼了英真的心，啊，完了，英真再也不会和我好了。这时候，我更觉得友谊的可贵。

35．抹煤糕

我猛抬头一看，爸爸大笑起来，妈妈也笑得前俯后仰。起先，我以为是对我劳动的有声赞赏，后来，只见他们一直笑个不停，我顿时好像领悟到什么似的，不由自主地仔细看了看刚才抹下的煤糕，有的横躺着，有的竖卧着；有的厚，有的薄；有的肚子挺得老高，有的四角陷得很深……我不好意思地把头低垂下来，脸上觉得火辣辣的。我斜着眼再看妈妈抹的煤糕，平平整整，有棱有角，厚薄均匀，真是一块像一块，这样就越觉得自己抹的煤糕奇形怪状，不堪入目，不成样子了。

36. 妈妈去世的当天晚上

记得我失去妈妈的当天晚上，爸爸把我搂在怀里，失声痛哭："滔，以后咱们的日子可怎么过呀？"我的心像刀绞一般，泪水模糊了眼睛。爸爸要到外地工作，我不成"拉兹"了吗？一阵痛楚，使我大声哭起来："爸爸，我要妈妈呀！"

37. 面对侮辱者

开头，她吃了一惊，害怕起来，脸色煞白，接着，她的恐惧变为愤怒，她忽然满脸绯红，一直红到了发根，两眼盯住了这个侮辱者。同时，这双眼睛变暗了，突然闪烁一下，又变得漆黑，接着燃起了不可遏制的怒火。

38. 失去奶奶

从此，我失去了奶奶的抚爱，她再也不能从田间摘下那一朵朵无名鲜花，插在我那翘起的小辫上了；盛夏的夜晚，她再也不能为酣睡的我用蒲扇驱赶"嗡嗡"的蚊虫了；中秋皎洁的月光下，她永远也不能给我絮絮地讲述那广寒宫里的嫦娥、桂树下的吴刚和永无休止地捣药的玉兔了……我童年的生活里，从此充满了寂寞和苦涩。

39. 父母离异

1982 年 1 月 24 日，是我永远忘不了的一天。这天是我爸爸和妈妈离婚的日子，是我家生活发生重大挫折的一天，是我生命中最痛苦的时刻。从那时起，父母离异，我们姐弟二人各居一方，不能见面，不能通信。我是多么苦恼啊！过去那甜甜的梦境变得可怕极了！朦胧中，我又遇到了弟弟，我亲切地喊他，搂他，和他一块儿愉快地玩耍……可是，当我醒来时，才知道自己在做希望的梦。梦毕竟是梦，怎么会变成现实呢？我的眼里禁不住又一次悄悄地流下了难过的眼泪……

40. 测验得 59 分

那是我五年级的时候，一次数学单元测验又得了 59 分，快吃晚饭时，妈妈得此消息，气冲冲地撂下筷子，"啪—啪—"劈脸就给我两个又响又脆的耳光。这还不够解气，妈妈又将那考卷揉成一团，狠狠地丢在地上，指着我骂道："像你这样的成绩还考什么重点中学，恐怕连普通中学都不肯要你。"我不敢做声，眼泪夺眶而出，扑簌扑簌地落下来。

41. 愤怒不已

他们的眼睛冒出要焚掉一切的怒火，紧咬的嘴唇里藏着咬得死一切生物的牙齿，鼻头不怕闻血腥与死人的尸臭，耳朵不怕听大炮与猛兽的咆哮，而皮肤简直是百炼的铁甲。

42. 看电视报道

电视中报道的那些弄虚作假的画面一出现，我的肺都气炸了，棉花包里竟掺些砖头石块……看后，我的心情久久平静不下来，气恨难消。我想，将这些害人的家伙抓起来，枪毙了也不解恨……怒火在我的脸膛燃烧着，烧得我怒气冲天。

43. 那天在医院里

我心里在想：如果我是护士，一定雷厉风行，绝不会这样拖拖拉拉，懒洋洋的样子。因为这是白衣天使的职责啊！护士阿姨，你这是怎么了？你知道吗？这孩子很危险啊……我真想让你也得一场大病。唉，被人冷落可真不是滋味呀。

44. 看合影

灯下，我兴奋地整理着新发的初一课本。突然，一张全班合影从里面掉了出来，我顺手拿起来，端详起照片上那张张笑脸。立刻，照毕业像那天发生的一件件趣事像放电影一样显出了画面。

45. 上幼儿园时

记得在上幼儿园时，我在爸爸的抽屉里找到了一块磁铁，上面吸着几颗大头针。我把大头针拿掉，磁铁隔几分远也能把大头针吸起来，真是有趣极了。磁铁的功能给我留下很深的印象。

46. 盼奶奶快回来

前几天，我给奶奶写了封信，问奶奶现在身体怎么样了，在大伯那儿生活习惯不？同时又告诉奶奶，快期末考试了，考完试就放寒假了，我一个人在家该多寂寞呀，我多么希望奶奶能早些回来呀！

47. 我盼望入队

我还没有入队的时候，是多么渴望加入少先队啊！别人过队日，我却在屋里呆着；看别人戴上红领巾，我呢？脖子上光溜溜的；新队员举行入队宣誓，我只能站在旁边看。那时候，我真的天天盼望加入少先队。

48. 盼升旗

我掰着手指头算啊，算啊，还剩四天、三天……好不容易盼到了周六。下周一就轮到我们班升国旗了。周六下午是练习升旗的时间，作为班级升旗手的一员，我怎能不盼这一天呢？

49. 盼回信

我把信和习作寄出去后，我估计茹老师该收到信了，再等，再盼，又一个星期过去了，我仿佛看到茹老师把信丢进筒里，又是一个星期天来到了，也不见茹老师给我回的信。我失望了……不，茹老师可能因工作忙或其他事情没有时间回信，过几天一定会收到的，我这样安慰自己。我的信发出第28天——3月9日，我终于盼到了回信，接到信后，我把它贴在胸前，心怦怦直跳，比长跑时心跳还要厉害。

50. 暑假快到来

期末考试前一天，收到乡下姑姑的来信，信里说："前年你来我们这里，我们很喜欢你。希望你今年还来。"看完信后我高兴得跳起来了，我想姑姑，更想离姑姑家不远的那条小山沟：清清的泉水，茂密的树林，累累的果实，各种各样的小动物……那天晚上，我做了一个梦，梦见自己又来到那个城里见不到的世界。我在小溪里戏水，和松鼠白兔同行，在树荫花丛旁乘凉，和小山雀同声唱歌。

51. 我们的未来

我们看着胸前的红领巾，望着熊熊燃烧的营火，心中感慨万分。我们今天是祖国的花朵，沐浴着阳光雨露茁壮成长，再过 10 年、20 年，我们将成为医生、工人、解放军、科学家……将成为祖国的栋梁，将为祖国面貌的改变、腾飞，贡献自己的一切。

52. 小鸟飞走了

小鸟飞走了，它牵着一颗颗童心飞上天空。从此，我便更喜欢看小鸟了，我希望有一天带红绳的小鸟再飞回来，衔回童年的梦。

53. 希望有温暖

我在不知不觉中走进了妈妈的院子，叫开了门，一头扑到妈妈怀里，放声大哭起来……这一夜我失眠，辗转反侧睡不着，心想：我的命真苦啊！不，像我这样命运的不止我一个，在我们仅有 200 多户的小村子里，就有 20 多户父母离婚的。我们做儿女的没权利过问爸爸妈妈的事，但我们多么希望爸爸妈妈多为我们想想，多么希望得到父母的爱抚，多么希望有个温暖的家啊！

54. 爸爸又结婚了

日复一日，星移斗转，半年过去了。这天，我听人说，爸爸又要结婚了。我的心更加痛苦了。以前，我本想让爸爸妈妈复婚，可现在这一线希望彻底破灭了。

不知怎么的，从这以后，我完全变了一个人，平时寡言少语，常常感到孤独，总觉得没人要自己了。爸爸妈妈，你们知道吗，你们这样做，会有什么后果，会对你们的儿女有什么影响吗？

55. 稿件退回

……稿件寄出去了，我天天在盼，终于盼来了回信。可是我失望了，牛皮纸信封内厚厚的一叠是我那一笔一划、工工整整地眷写的作文。我捧着稿纸落下了眼泪，我恨自己不争气，为什么我就写不出让人满意的文章来呢？

56. 钓了一团布

这时候，我的鱼钩一沉，我一阵紧张，以为是鱼上钩了，连忙把鱼杆使劲向上一甩，觉得还很沉呢，提起来时，我看都没看，就高兴得又蹦又跳。过了一会儿，我再仔细一看，真吃了一惊。啊，原来钓了一团破布。爷爷笑着对我说："这是你钓的鱼啊！"我也笑了，一下子像漏了气的皮球。

57. 错了一道题

　　题目全检查完了，他大步走上讲台，把卷子交给老师批阅。他的心怦怦地跳着。一题，对了！二题，对了……随着大红钩的增加，他那绷得紧紧的心弦渐渐松弛下来。这次满分一定十拿九稳了。他情不自禁地轻轻摇晃着脑袋，高兴得差点叫出声来。忽然，林老师紧锁起眉头，钢笔停住了。他的心倏地一下收紧了，心里默念着：别错，别错！现实恰恰和他的愿望相反，一个无情的大叉在最后一道题出现了。这时，汗水不知不觉地从他额上渗出，开始往下流了，冰凉冰凉的。

58. 爸爸又打麻将了

　　我回到自己的房间，一直闷闷不乐，我怎么能乐起来呢？唉，爸爸，你怎么这样不听劝呢？你一回家就去搓麻将，三更半夜回来，全家人都睡不安。你熬了夜，输了钱，百害无一利呀？你以前可不是这样的，那时你爱家，爱我，工作也好，妈妈也舒心，如今，你心里还有这个家吗？还有我这个女儿吗？……爸爸，我真的心灰意冷了，我觉得前景已化为泡影了，我真失望啊！

59. 捐款

　　有一次，我正在操场上玩，忽听喇叭里广播："我们的小伙伴刘洋同学身患白血病……请大家伸出友谊之手……"我想：一个未成年的孩子，就要离开人世，太可惜了！我要把积攒的6元钱捐赠给他。可又一想，这钱是我一年多时间一分一分攒的，还要买狮子狗呢！想到这儿，我犹豫了。但又一想，雷锋叔叔能将自己的200元钱无私地献给战友家属，我为什么不能？学雷锋，要见行动！于是我高高兴兴地把钱捐给了刘洋。

60．一张电影票

怎么办呢？把这张票给他们吧。哎呀！《大闹天宫》我盼了好多天了。不给不行，我说过要给他们的呀。我急得在门口打起转转来，左思右想，我终于想出了个主意：下回学校再组织看电影，不管多好的片子，我都把票给他们。再说，我答应给他们两张票，这一张票，叫姐弟俩谁去好呢？这一回我不告诉他们，等下回拿到两张电影票，我再对他们讲吧。

61．苹果该给谁

"给谁吃呢？"我拿着苹果翻来覆去地想。这时，我身旁的步话机员小李正用沙哑的声音向上级报告战斗情况，这个爱说爱唱的小伙子这些天来白天黑夜都守在步话机旁边，一直没有休息。他的嘴唇干得裂了好几道血口子，脸上都是灰尘，深陷在黑色眼眶里的两只眼睛，布满了血丝。

"小李，这个苹果你吃了吧，好润润喉咙。"我把苹果递给他。

小李出神地看着我，回头看了看另外几个人，又看了看躺着的伤员小蓝。他接过苹果，转手给了小蓝。

62．有点放心不下

我们虽然这么说了，表面上很镇定，脸上微笑着，可心里不一样了，好像有一只兔子在心里蹦蹦跳跳着……特别是看到我们的对手四年级一班要和我们拼搏的劲头，我真有点放心不下。因为输赢都有我的一份呀！

63. 看跳高

我挤在人群中，观看跳高决赛。跳高赛区只剩两个运动员了，不知什么原因，我的心里格外紧张。我担心地望着我们学校的小唐，倒不是为了争名次，我担心的是另一件事：几天前的一个早上，小唐在练基本功的时候不慎扭伤了脚，可今天，他需要多么顽强的毅力才能参加比赛呀！

64. 大火以后

望着烧得残破不堪的房屋，人们叹息着，流着泪，大火真是无情啊！我心情很沉重，心急如焚。人们到哪里去住呢，今后怎么生活呢？……

65. 丈夫外出打鱼

古老的钟嘶哑地敲了10, 11下……始终不见丈夫回来。桑娜沉思着：丈夫不顾惜身体，冒着寒冷和风暴出去打鱼，她自己也从早到晚地干活，可是还只能勉强填饱肚子。孩子们没有穿，不论冬夏都光着脚跑来跑去，吃的是黑面包，菜，还有鱼，不过，感谢上帝，孩子们都还健康，没什么可抱怨的。桑娜倾听着风暴的声音，"他现在在哪儿？上帝啊，保佑他，救救他，开开恩吧！"她一面自言自语，一面划着十字。

66. 家里没有钱

可是今天，尽管我手中拿着老师发的"尚方宝剑"，也感到犯愁作难，因为，这几天我家正盖新瓦房呢，买这买那都等着用钱。为这事，爸爸妈妈急得吃不下饭，咋还会顾得上为我订报呢？前天，姑姑家送来300元，听妈妈说这还不够买6000块砖呢，我怎么张口向妈妈要钱呢？

67. 小女孩打针

护士刚拿出针管，小女孩立刻露出害怕的神色，吓得跑到了自己妈妈的怀中，哇地一声哭起来，嘴里还不停地说："妈妈，我不要打针，不要打针……"

68. 看球赛

看球，等于两军对垒，作壁上观。虽然战场在香港，可我们好似也参加了战斗，精神紧张，心潮随着球起落。当看到对方把球打过来没有人去拦截的时候，急得站起身子想把球拦回去；看到我们发球屡次失误，不由得唉唉地发出惋惜、遗憾之声。我队每胜一球，掌声、欢呼声四起，其中也有我们的一份；我队打了一个漂亮球，我们的球员彼此跑过来打一下手，高兴、得意、互勉的感情，全在这一打手之间淋漓尽致地表现出来了。

69. 到外婆家

这样想着想着，不知不觉已经到了外婆的家门口，我"嘘"了一声，吸了一口冷气，全身都皱起了鸡皮疙瘩。那颗不安的心，跳得更厉害、更猛，似乎马上就要从口腔里蹦出来似的。这时，我多么希望自己能像孙行者那样，拔根毫毛，吹口仙气，面前马上站着一个和我一模一样的女孩，自己便可以跑回家去。

70. 钓鱼

等呀，等呀，等了好一会儿，只见"窝子"里冒起小泡，浮子也微微动了几下。"鱼上钩了！"我暗暗地说。手痒得没办法，紧紧握住鱼竿盯着浮子。突然，四颗浮子一下子全沉到水里去了，我赶紧一扯鱼线。顿时，鱼竿弯得像弓一样，还一颤一颤的，鱼儿在水面上不停地蹿来蹿去。"好过瘾啊！"我紧张地叨念着。

71. 登上主席台

运动会开始了，我登上主席台，既紧张又高兴。一看下面是一片黑乎乎的人头，到处是哄哄的说话声，我只觉得脸上火辣辣的直发烧，心里就像是揣了一只小兔子似的"怦怦"乱跳。不知为什么，面对扩音器，我的嘴唇发抖，连一句话也说不出来，我泄气地想："要是知道这样，我早就不接受这个任务了。"

72. 风琴比赛

比赛终于开始了。轮到我上台时，心跳得可厉害啦。当我坐在风琴前面开始弹琴时，评比组的田老师站在我侧面，两眼盯着我的手。顿时，我全身热乎乎的，差点把键盘按错了。

73. 跳水比赛

我站在跳台上，向台下一看，只见下面水花飞溅。我好像是一个巨人，周围的建筑物都变得矮小了，像被我踩在脚下似的。我想："这么高的跳台，跳下去会不会淹死呢?"想到这里，我心里不由得打了一个寒颤。刚才那股高兴劲，早就飞到九霄云外去了。

74. 奶奶坐车

奶奶坐在爸爸后面，我坐在奶奶的后面。车子发动了，"轰轰隆隆"，奶奶慌了，脸色发黄，一声不响，双手紧紧抱住爸爸的腰，像拔大萝卜似的。

75. 荡秋千

开始她轻轻地推，我坐着却像睡在摇篮里一样。后来，妈妈越推越重，我也随着秋千高高地荡着。我生怕自己摔下去，紧紧地把铁链抓住，喊道："妈妈，我要下来!"可是妈妈不听，仍旧使劲地推着。唉，这可真吓人呀，我的心"怦怦"直跳，简直要从喉咙口跳出来了。我非常害怕，把眼睛闭得很紧，生怕看见自己摔下去。这时，妈妈使劲向上一推,我一下子荡向高空吓得我差一点叫起来。我使劲抓紧铁链,随着秋千荡来荡去。

76. 跑错方向

他非常害怕,不要命地往回跑,一直到听见远远有狗叫声,接着又看见树林里面有一缕炊烟时,才慢慢镇静下来。当他走近那户人家,看见屋里的人穿的衣服时,才发现自己慌慌张张的弄错了方向,不是朝着玻璃匠的地区跑,而是恰恰相反,跑到木材商的地区来了。

77. 黑夜里回家

大道上,一个人影也没有,只有月亮伴随着小虎回家。小虎子前后左右望了望,周围黑洞洞的,他心里渐渐打起小鼓来。他站住了,望望四周,摸摸红领巾,学着解放军叔叔走路的样子,一边向前迈着大步,一边鼓励自己:"不怕!"走着走着,他想起刚才看的电影里敲梆老头被害的情景。呀!那夜也是这样黑,那坏人的黑影,使人胆寒的凶器在他眼前闪现。他望了望月亮,皎洁的月光,此时也仿佛变得寒森森的了。虎子的心一下子"怦怦"地猛跳起来,额上渗出了冷汗,脚步越来越快,渐渐地飞跑起来。他一边跑一边说:"我不怕!我不怕!我……"大滴大滴的汗水洒落在路上。

78. 第一次打预防针

穿着白大褂的医生来到教室,我的心急剧地跳起来,我是第一次打预防针。我把胳膊伸出来,心跳得更厉害了,我真有点害怕,那么长的针……

79. 过河

站在水边，眼巴巴地看着同学们一个个过了，我望着潺潺东去的河水发呆。要知道，我这个娇生惯养的独生女，可从没有在泥水里趟过。

不一会儿，大部分同学已经登上了老丘墓。看，河那边鲜红的队旗迎风招展；听，一阵阵银铃般的笑声传来。我的心里直痒痒。"我要是有孙悟空腾云驾雾的本事多好！"我想着，急得在岸边团团转，想鼓起勇气找个最浅的地方趟水过河。可是，脚一放到泥水里时，粘糊糊的，滑溜溜的，沙子、石子直往脚趾缝里钻，两条腿刚一挪动就抖了起来。我瞧瞧四周，没有几个人了，心里更加焦急了。

80. 倒垃圾

我扫完了地，把垃圾扫进撮子，刚想去倒，一看外面下着大雨，路那么泥泞，心想："算了，不用倒了，等明天的值日生倒吧。可是老师说值日生要认真负责，每天的垃圾必须倒掉。这可怎么办？"又一想："有了，把垃圾倒在教室后窗外，不就完了。"我抬头望了望四周，教室里乱哄哄的，谁也没注意。于是，我打开窗户，把垃圾倒了出去，可要多巧有多巧，李晓红走过来了，她问："地扫完了，垃圾倒了吗？"我支支吾吾地说："倒……倒……掉了。"

81. "偷梁换柱"

回家以后，准有一场"暴风雨"等着我，我能不愁吗？忽然，我想起来了，班里的齐广涛有一只"老玉米"，跟我的一模一样，何不来一个"偷梁换柱"呢？反正这里只有我和刘威，他是我的好朋友，不会揭发的。说干就干，我便拿起自己的钢笔，轻轻地走到齐广涛桌旁，然后坐在他的椅子上，双手打开文具盒。刘威看见了，问我："徐广宇，你干什么呢？"我的心猛地一抖，立即忐忑不安，这时我才品尝到做贼心虚的滋味，但我又一想："刘威毕竟是我的好朋友，怕什么。"便说："我想看看他的文具盒。"话虽这么说，可是我的头却低下了，声音里也流露出了惊慌，他感到奇怪，立刻追问了两句，我干脆一不做二不休，索性都说了。

82. 做"好事"

上课铃响了，我大步流星地走进教室，挺着胸脯在座位上坐好。在课堂上，李老师表扬了我，说我是一个拾金不昧的学生。同学们不约而同地向我投来了敬佩的目光。这时，不知为什么我的脸红了，我不由自主地低下了头，心里就好像揣了一只小兔子，怦怦直跳。这时，我的同桌李红用胳膊肘碰了我一下，低声说："喂，做了好事别不好意思呀！"听她这么一说，我的脸更红了。

83. 偷鱼

有一次，我趁小山不注意，顺手捞了一条。我怕人看见，就急忙把鱼装进衣兜。鱼在兜里乱跳，可我的心比鱼跳得还厉害：把鱼拿回去，妈妈总会批评我的；再送回去吧，小山会说些什么呢？唉，干脆扔到后院里的水沟里吧，反正谁也不知道！我正低头想着，倒霉的事来了。

84. 老师提问

赵老师在黑板上写出一道应用题，同学们陆续举起了手。赵老师用深邃而敏锐的目光扫视了一下教室，最后把目光一下子集中到我的身上，"王强，请你来回答。"我毫无准备，当听到老师点我名的时候，我慌忙地站了起来。同学们都扭过头来看着我。这下，我更慌了神儿，闷着头，红着脸，恨不得地面上裂开一条缝，好让我钻进去。

85. 改卷子

我迅速找出自己的试卷，又拿出蓝笔，手微微地颤抖着，心也剧烈地跳着，我明知这样做是不对的，但又给自己打气说："没事，就这一回，没有人看见。"可我刚写了几个字，就听见门外传来清脆的童声："妈妈，妈妈!"我手忙脚乱地收好笔，往门口一看，原来是我们老师四岁的独生女。

86. 告别外公

我要上学了，爸爸要把我接回家，我哭着闹着不走。当时，我看见外公的眼里也闪动着晶莹的泪花。我拗不过爸爸，被连拉带扯到了火车站。火车启动，毫不留情地把外公甩到了后面，我的视线模糊了，眼泪刷刷地流下来，向外公挥手告别。外公也摆动着手臂，久久地立在站台，不肯离去……火车在铁轨上飞驰着，路旁斑驳的树影梦幻般地闪过来，又闪过去，我出神地望着那缀满星星的天空，追忆往事。

87. 撒谎之后

正在这时，人群中突然传来清脆的喊声："阿姨，买票。"我回头一看，原来是一个比我还矮些的小姑娘，手里高高举着一角钱，向售票员手中递去。我望着那一角钱，心里忽地一热，赶紧把脸转过去。我想起在学校里，老师经常教导我们不要做撒谎的孩子，可是我……我难过极了，真想哭一场。我推开哥哥压在我肩头上的手，把身子一下挺直了。

88. 隐瞒事实

以后的几天里我一直闷闷不乐，那份考卷就像块大石头压在我心头。我总像做了什么亏心事似的，一见到您，脸上就热乎乎的。不管走到哪儿，那两个圆圈都在厌恶地瞪着我……这时我才觉得撒谎的心情是不好受的。我不该隐瞒自己的真实成绩，这么做既欺骗老师又欺骗自己，所以我决定把这件事告诉您。老师，您能原谅我吗？

89. 在回家的路上

走在回家的路上，我心里十分难过。我的脚像是一块铁，走起来是那样沉重。树叶在风的吹动下，"哗哗哗"地响，它们好像是故意和我捣蛋似的，一片又一片的飘落在我的头上。我的鼻子一酸，视线模糊了，热泪涌出眼眶。我摸出小手绢，擦去泪水。

90. 我孤独

妈妈爱我更甚于咪咪。妈妈不许我和邻居小朋友玩，怕影响我的学习；彩电也不许天天看，说屋子小，怕看坏我眼睛……总是让我学习、学习、学习，看到别的小朋友在快乐地玩，我非常羡慕。没有人和我玩、和我交朋友，我只有一个咪咪，一个不会捉老鼠的咪咪。我突然感到咪咪很可怜，我抱起它哭了，为咪咪也为自己。

91. 失去了妈妈

我三岁那年，母亲便离开了人间。两个哥哥都在读书，一家人的生活重担全落在爸爸一个人身上了。日子过得十分清苦。

我这个不懂事的孩子，整天在街上泥里爬，水里滚。有的人见了，说几句可怜话；有的人见了，又是摇头，又是皱眉。随着年龄的增长，我慢慢变得懂事了，我常常见到那些年龄和我相仿的孩子在母亲面前撒娇，听到他们那甜甜的喊"妈妈"声，每当这时，我就悄悄躲在一旁抹眼泪。

92. 手术之后

一天一夜过去了，陈巍从昏迷中醒来。他想看，看不见；想喊，喊不出；想动，动不了：浑身都不听使唤。他拼命挣扎着，恨不得一下扯去蒙住眼睛的纱布。他痛苦地想："我在哪里？这是怎么回事？几点了？我怎么看不见呀？看不见呀！我的书包呢？上学要迟到了，许新渝、谷文华，我的好同学，你们在哪……"

妈妈紧紧抓住他的手："巍巍，别动。手术很成功，现在千万别动。""不，放开我……妈妈……"陈巍用微弱的声音喃喃自语。"不行！医生再三叮嘱，三天三夜不能动！妈妈知道你很痛苦，还是想想同学们吧。"

93. 我听不见了

三岁那年，一度感冒，一场高烧，毁掉了他的听力。"我听不见了！"卢文用手撕扯着双耳，顿足哭号着，用头去撞桌子、撞墙壁，拼命地撞啊撞……残酷的疾病把他送进了一个阒无声息的世界。耳聋的不幸，摇荡着他那幼小的心灵。每当邻居家同龄的孩子在楼前空地上欢快地唱着从幼儿园学会的儿歌时，他便默默地坐在玻璃窗后，像个小大人。

94. 睡不着

晚上，我翻来覆去睡不着：一个把啥都当宝贝的人，怎么连自己的新扁担也不爱惜了呢？这是为什么？想着想着，我明白了，春花并不小气，在她身上，有一种闪光的东西，这就是我国劳动人民勤俭节约、艰苦奋斗、爱国家、爱集体的好思想呀！想到这里，我一把搂住了已经睡着了的春花……

95. 妈妈哭了

妈妈是一个刚强的人，平日很少流泪，可是今天妈妈明明哭过，为什么还要骗我？我抄写完作业，立刻当起了"侦探"。我先来到奶奶房间，奶奶和往常一样，眯着眼，和颜悦色地问："彦彦，作业写完了吗？"

"写完了。"我说。

"拿着吃吧。"奶奶一边拿出两块蛋糕给我，一边说，"吃完了，帮妈妈干点活，看她整天忙的……"我细看奶奶的神态，品味着奶奶的话语，心想：奶奶和妈妈的哭没有关系。

96. 做题

吃过晚饭，我们一家人便各自进入了自己的角色……

我打开数学课本做作业，做着做着，被一道题给难住了。我反复地思考着，眉头凝成了一个大疙瘩。忽然，我的眼睛亮了起来，似乎想起了一种算法，但随即又有些丧气了，因为我很快发现这种算法不对。我耐着性子，两眼死死地盯着那道题，一遍又一遍地演算、思考。不知过了多久，我被难得满头大汗、心灰意懒，重重地叹了一口气，心里还骂了一句："这鬼题，怎么做呀！"随后抬起头来，四面张望起来。

97. 改分

老师把期中考试卷给我们发下来了。我打开数学卷一看才得了 78 分，这可怎么办呢？要是叫爸爸妈妈知道了，非骂我打我不可。就在这时候，我的主意来了，脑子一转，决定把分改了。我随手拿出了红钢笔，可手却哆嗦起来，心怦怦直跳，我想："作为一个少先队员能干这种事吗？"但我又想："如果不把这个分改了，回家一定挨骂。唉，没办法，就改这一回吧，以后再也不干这种事了。"

98. 我送什么

羊年的大年初二，我们全家去姥姥家拜年。

几天前，爸爸妈妈就开始给姥姥筹办拜年礼物，他们买的东西，当然是传统的糕点、糖茶、烟酒之类。我送姥姥什么礼物呢？有了，姥姥属羊，羊年是她的本命年，我给姥姥做只小羊，不是更有纪念意义吗！主意拿定了，我便偷偷地做起来。

99. 还有5分钟

我一看表，还有5分钟了，是做还是不做呢：做，我又不会；不做，就失去了好几分。在这千钧一发的时刻，一个念头从我的脑海闪过："抄！""抄"这个字虽然很平常，可对于我来说，是那样可怕，又是那样凶恶。没有别的办法，为了让分数高一些，我只好这样做了。

100. 做好事

自从开展学雷锋活动以来，我们班涌现出不少好人好事：王小明捡到一个钱包还给了失主，李丽帮军属王奶奶打酱油……为什么好事总是往他们眼里钻，不往我的眼里蹦呢？我无精打采地在操场上踱来踱去。忽然，我的手在兜里碰到了一个硬邦邦的东西，我灵机一动，啊，有了，于是我飞也似地向李老师办公室跑去……

101. 坐车不买票

我掏出妈妈给我的两元钱想买票，可是看见旁边的阿姨坐着不动，我又把钱揣了起来，心想："大人都不买票，我又何必呢？省下两元钱还可以买三明治吃。"

车开得很稳，我的心却在不停地跳。我总觉得有人在盯着我，像做贼似的。听人说坐车不买票被人查出后要加倍罚钱的。我的手攥紧了只够买车票的钱。

一阵摇动，车子到一站，我忽然有了新主意。听人说：遇到检票的时候，就说从上一站上车的。我的心开始平静下来。我得意地看了看旁边坐着的那位阿姨，心想："哼，看你到站怎么下车。"

102. 父母离婚后

爸爸妈妈离婚那年我才9岁，10岁的姐姐跟妈妈走了。从此我不仅得不到真正的母爱，而且失去了朝夕相处的伙伴。每天早上和晚间，只有空荡荡的墙壁陪伴着我，没人跟我说话，没人和我做游戏。看不到姐姐亲切的面容和活泼的身影，每天，只有我一人独自呆在家里。

103. 夜不能寐

时钟敲了两下，已是深夜2点了，舅舅的鼾声不但不停，反而更大了，不紧不慢，一声接一声，好像故意和我做对似的。我觉得十分孤独，眼泪不知什么时候偷偷地流了下来。我想："要是灯光突然亮了，那有多好啊！那我就像在黑暗中摸索的人见到光明一样，一定会扑过去。"这时，我才真正感觉到黑夜是那样漫长……我真想变成童话里的小飞人，任我自由地飞翔。越想心里越难过，越觉得孤独，我叹了一口气，轻轻地闭上了眼睛。

104. 自己仿佛是一朵荷花

看着，看着，我忽然觉得自己仿佛就是一朵荷花，穿着雪白的衣裳，站在阳光里。一阵风吹来，我就迎风舞蹈。风过了，我停止舞蹈，静静地站在那儿。蜻蜓飞过来，告诉我清早飞行的快乐；小鱼在脚下游过，告诉我昨夜做的好梦……

啊，皎洁的月亮，你引起多少人丰富的想象……

105. 变化的天空

大象伸出它那长长的鼻子，向大地喷水呢；梅花鹿边走边悠闲地吃着草，一会儿就没了影子；老虎平日里横行霸道，欺负一些弱小的动物，这不，今天又来了。只见它摇了摇尾巴，凶恶地说："今天该谁给我上贡了？"话刚说完，狡猾的狐狸不知从哪窜出来。平日小动物们都不敢得罪它，因为老虎的食物都由它来选定。这时只见它笑着对老虎说："大王您今天该吃兔子啦。"几天前兔子得罪了狐狸，狐狸今天该报仇了。但还没等老虎吃兔子，大象来了。它指着狐狸说："你这只狡猾的狐狸，总让老虎干坏事，今天我该惩罚你了。"说着，它用鼻子把狐狸卷起来，甩到九霄云外去了。老虎在一旁看傻了眼，急忙向大象求饶。大象说："今天我就饶了你，今后我如果看见你吃小动物，我就不饶你了。"老虎在大家的笑声中灰溜溜地逃走了，天空中又恢复了往日的平静。

106. 云的遐想

我最喜欢看云了，尤其在晴朗的日子里，那瓦蓝瓦蓝的天空上一片片、一堆堆、一团团洁白的云。它们好像棉花似的自由自在地飘着。

107. 花蝴蝶和小蜜蜂

在一个花的王国里，住着一只花蝴蝶和一只小蜜蜂。小蜜蜂整天勤勤恳恳地劳动，花蝴蝶却从早到晚地在外面玩耍。

有一天，爱美的花蝴蝶穿着漂亮的衣裙在花丛中飞来飞去，在一朵花上看见小蜜蜂穿着黄色的工作服采蜜，就讽刺说："瞧瞧你，从早到晚地采蜜，可结果呢，把蜂蜜都给了别人，你自己又得到什么好处呢？你瞧我，整天无忧无虑，穿着美丽的花衣，多自在呀！"可是，小蜜蜂没有回答她。花蝴蝶嘻嘻地笑了笑，便去玩了，她总是不明白小蜜蜂是为了什么。

108. 咪咪抓老鼠

晚上，我做了一个梦，梦见我把咪咪送到农村奶奶家里。咪咪很快就喜欢上了这个新家，它为奶奶捉住了好几只正在偷粮食吃的大老鼠。奶奶夸奖它，邻居也夸奖它，人们都在夸咪咪。我笑了，笑得很甜。我高兴地抱起咪咪向徐大爷家走去，我要让徐大爷看看今天的咪咪……

109. 假如

假如我有一对翅膀，就要飞遍世界的每一个角落，去寻找因为贫穷、疾病、被压迫而痛苦的人，为他们解除痛苦；假如我有一对翅膀，就要让全世界没有呻吟，没有哭泣，只有欢声、笑语！

110. 盲童画画

设想一下盲童拿起笔的情形吧：她画一个太阳，那美丽的太阳准是露出红红的脸，放射着温暖的光芒，照在每个人的身上；她画一棵树，准是葱绿绿的，上面栖留着无数的鸟，唱了悦耳的歌，她好像也听到了它们的合奏；她画一条小溪，准是清澈见底的溪流，她曾在溪里洗过手，多么清凉；她画一座小屋，屋里准是充满着亲切细语和温暖的笑声。这是多么美好的情景啊。

111. 飞往太空

童年充满了幸福，童年充满了欢乐，童年充满了对理想的追求。在梦中，我终于见到了它。

星星顽皮地眨着眼睛，月亮偷偷地张望着大地。我坐上了梦中的"飞船"，飞往太空，去寻找我的理想。

飞呀，飞呀，一会儿看到了气势雄伟的长城，一会儿又瞧见了风景秀丽的西湖。飞呀，飞呀，我飞过了一道海峡，来到了我国的宝岛台湾。这时，一座大山挡住了我的"飞船"，我只好在山前降落。跳下"飞船"，几个金光闪闪的大字映入我的眼帘——"阿里山"。啊！这就是台湾的阿里山。盼望已久的阿里山，看到它磅礴的气势，见到了它生机勃勃的景象。

112. 海中游弋

太阳渐渐落入海中，余光映红了晚霞，把北戴河的山和海都镶上了金色的光环。海水偷偷地爬上岸边，开始涨潮了，我们带着兴奋、

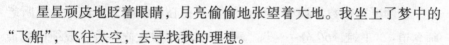

带着疲劳返回了住所。

夜里，我做了一个梦，梦见我时而变成了一只海燕，在北戴河上空中飞翔，鸟瞰了这儿的美丽风光；时而又变成了一条大鱼，自由自在地在海中游弋，参观了这儿水下内容丰富的"自然博物馆"。

113. 神奇的美梦

于是，我把它带进我那间一向闭塞独立的小屋，十分小心地插进精美的花瓶里，独自享受着大自然的乐趣……一枝怒放的桃花竟惹得我那夜做了个神奇的美梦：自己变成了一枝插在花瓶里的桃花，在自己的小屋内怒放，仿佛大自然里空旷旷的，唯独有我自己。

114. 瞧下回的

老师要宣布数学期中考试成绩了，我心里顿时紧张起来。只听老师念道："王斌，60分……""啊！"我禁不住大吃一惊，成绩比我预料的还要惨！同学们听了，也都用惊奇的眼光看着我。我羞愧得无地自容，只好深深埋下了头。老师发卷子了，我缓缓地走到前面，领了卷子回来。那个又红又显眼的"60"像一把刀刺疼了我的心，我悔恨极了。怨我年龄小，理解力差，还是怨爸爸事前没给我复习？不，都不是，都怨我太粗心了，没有仔细分析，认真检查。眼泪在眼圈里直打转，我紧咬住下唇，心想："不要哭，要坚强！俗话说'失败是成功之母'！"我攥紧拳头，暗下决心："瞧下回的！"

115. 快点长大

那天晚上，我的心久久不能平静，妈妈的话不时地回荡在我的耳边："大雁长大了要离开自己的妈妈，自由自在地翱翔于天空，去寻找自己的美好生活，你要向大雁学习呢！"我反复咀嚼着妈妈说的话，多有道理呀！我想了很长很久，我渴望快点长大，翱翔于广阔的天空之中。

116. 美好未来

这时，有一颗灿烂的流星划破夜空，"多美丽的流星啊！"我们不禁赞叹起来。在星空的怀抱中，我好像乘上了飞船，在太空探索，我把五星红旗插上了各个星球……这一切，好像是遥远的未来，又像是在眼前，等待我去实现。夏夜的海滨多么美好，星光多么璀璨啊！夜里我想了许多许多。

117. 为国争光

这时，庄严、雄壮的国歌声在我耳边奏响，我好像看到：每当我国运动员在国际比赛中获奖，五星红旗就在比赛场上徐徐升起，祖国的健儿们为中华民族赢得了一次又一次的荣誉……

我仰望着已经升到旗杆顶端的五星红旗，心里也像升起了一面国旗。我暗暗下决心：长大了也要为它争光！

想着想着，不禁放慢了脚步。

118. 心中的一团火

我觉得面前是一团火，一团闪着真诚、热情光芒的火，她烘热了我的全身，温暖着我的心，心中泛起层层涟漪。我心中的冰在消逝、融化，它化做一脉清泉，浸润着我的心田……

119. 妈妈的怀抱

依偎在妈妈的怀里，温柔的话语伴着和煦的春风，那是怎样的一种幸福啊！青山绿水、绿树红花都向我展开笑颜，一股幸福的暖流涌上心头，冲击着我的心扉，甜滋滋的，好似饮了琼浆玉液，回味无穷。

120. 捕捉的镜头

轻松地走在绿草地上，快乐地穿梭于同学之间，笑盈盈地为同学捕捉一个个难忘的镜头，心弦产生一种甜丝丝的幸福的颤动……天是蓝的，蓝得心醉；云是白的，白得惬意；草是绿的，绿得娇嫩；花是红的，红得火热，从没感受过的惬意，使人醉了，放开心吧！让它深深地沉入这绿树红花、蓝天、白云之间………

121. 失败是一种美丽

失败，也是一种美丽，几分新奇，几分迫切，即使失败了，也不要气馁，继续努力，它将为你播下成功的种子。窗外，夕阳没有落下去的悲哀，它还用热情、美丽的光环包裹着我，柔和的光抚摸着我，望着这血色的黄昏，我不禁悠然神往。

122. 集体的荣誉

体委举起奖状，一种不可抑制的集体荣誉感化成一股无形的热浪涌上每个人的心头，我感到热血沸腾，情不自禁地鼓起掌来。阳光也似乎格外明媚，照在奖状上，照在我的心上。我闭上眼，尽情地享受这世间的纯真的集体荣情，激动的泪水涌上眼眶，挂在脸颊……

123. 故乡的梦

是啊，故乡的每一条小溪、每处房舍、每一次欢声笑语、每一个音容笑貌，都在记忆的长河中流淌。童年的梦境占据着我的心，让我心中升腾出无尽的乡愁，让我无时不想重归帮里，再寻旧梦。

124. 奔跑到终点

我的脑细胞在反复地运动着，终于迷迷糊糊睡着了——我最后一个起跑，其他同学已经跑了很远。我尽力地奔啊，跑啊，甚至飞啊，拼命想追上前面的同学。旁边其他同学的加油声，老师的鼓励声，父母的呼喊声交织在一起，可是不管我怎么努力，就是站在原地，跑不动，眼睁睁地看着其他同学跑到终点，眼睁睁地看着他们胜利的笑容。听到那一声声的欢呼，那一片片的掌声，泪水涌出眼眶，我急得大叫，一睁眼，原来是一场梦！

125. 徘徊的心

夜幕降下来了，我还在徘徊着，徘徊着，心里像打翻了五味瓶。我的内心在剧烈地斗争着，是继续奋进，还是就此退缩？如果选择了退缩，就少了许多麻烦、少许多压力、少许多责任。但是一个人一旦失去了勇气，岂不失去了理想与追求，失去了人格与尊严，失去竞争和斗志，岂不会庸庸碌碌、空留白发一头吗？

126. 教室的遐想

教室里静悄悄的，教室里黑洞洞的，外面天昏地暗，冷不丁一声炸雷，让我心里产生一阵阵恐惧。外面，风呼呼地刮着，雨不停地下着，黑森森的桌椅也在吓唬我，还绊了我一下。我壮了壮胆，想起同学们在干净的教室里学习，想起老师表扬的神情，想起父母鼓励的话语，我打开了灯。呀，又一声雷声，如果，如果……我越想越想怕。

127. 沉重的步伐

他迈着沉重的步伐，一步步地向前走着，没精打采，眼睛无神地望着脚下的路，脸颊上还有一道道的泪痕。他眼望苍穹，任泪水划过他的脸颊，无尽的悲伤留在心中。

128. 雨中的泪水

我推着车子在雨中慢慢地走着，冰凉的水珠顺着我的脸颊流了下来，不知是雨水还是泪水，一种愧疚的心情涌上心头。雨中形成了一道道雨幕，仿佛是一面镜子，在这面镜子里，我照见了自己的灵魂，它是多么渺小，多么可悲啊！是啊，人生就是这样：做了错事，可当你意识到"错"的时候，却已经变得无法弥补了！

129. 考场上的瞬间

考试正在进行。做着做着，我忽然发现有两道题作业本上做过。不知怎的，我那不争气的手怎么竟会放到作业本上，我想去翻，心跳得很快，手指也颤得厉害。同时，感到讲台上有一双异常严厉的眼睛盯着我，紧紧地盯着我。

我一抬头，正与那目光相遇。我的背像遭到了芒刺一般，又像一个正在偷东西的小偷当场被人抓到一样惶恐、窘迫、难堪！老天！8分钟，我越发慌张起来，脑袋里如同一团乱麻理不出头绪，总感到交卷铃声会突然在下一秒钟响起，这时候的我用热锅上的蚂蚁来形容已经是远远不够了。我的手无力地从作业本上滑落，胆怯地垂着眼睑。我不知是怎样交的卷，只觉得脸上红得厉害，发高烧也从未这样难受。

130. 妈妈的宣判

算了，豁出去吧，大不了扣掉一个月零用钱，再加一顿臭骂。我拖着沉重的步子走到了妈妈跟前。妈妈足足看了半分钟时间，怎么还不向我"开炮"呢？不会是暴风雨前的平静吧？早知会这么惨，我情愿少看几部电视剧，少K几本小说，少玩几次电脑，少……总之，做什么都愿意。我静静地等待着妈妈的"判决"，她却出奇的冷静，放下试卷片刻之后，又慢慢地从写字台上取出钢笔，在试卷上工工整整地签了字，接着什么也没说，就做饭去了。一切都那么平静，仿佛没有发生过什么一般。我想，她是对我心灰意冷了吧？天知道，我多想妈妈能骂我几句，你可知道，这种沉默比挨骂更难受啊！

131. 消失的快乐

不知怎么的，虽然我还在走，然而刚才的快乐却不知到哪儿去了，只剩下满肚的沮丧。那个老太太发抖的身子，不住地映在我的眼前，痛苦的呻吟，回旋在我的耳边。我挥了挥手，想把这些不愉快的东西驱散，可是不行，老太太的身影仿佛在我的脑海中生了根似的，不断地出现。

132. 友爱的练习册

　　班长捧着新凑成的语文练习册走到鲁薇芳面前，只见鲁薇芳用颤抖的手接过练习册，激动得一句话也说不出来，她双手捧着的是全班师生的颗颗真挚友爱的心啊！她睁着一双亮晶晶的挂着泪珠的大眼睛望着班长，红苹果似的脸上露出了喜悦的笑容。

133. 课堂上的抽查

　　上课了，我连作业都不写了，一直在背书。万一老师抽查到我，看我背得结结巴巴，会不会批评我呢？要是老师抽查到我会背的小节就好了，就怕老师抽查我不会背的段落，那我就惨了，可等了半天老师还是没有抽到我。一会儿，抽到我这组了，我的同桌被老师抽到了。他背得不熟，老师说下午还要抽查他。我心想："下一个肯定轮到我了，我会不会背得和他一样糟呢……"可是直到下课，老师也没有抽查我。今天我真幸运，要是老师明天接着抽查的话，我回家一定要好好地背，那样就不会结结巴巴了，也不用挨老师批评了。

134. 梦里的温暖

　　过了一个钟头，他怀着甜蜜的希望睡熟了。他在梦里看见一铺暖炕，炕上坐着他的爷爷，耷拉着两条腿，正念他的信，泥鳅在炕边走来走去，摇着尾巴……

135. 父母的欣喜

我强捺住心中的狂喜，小心翼翼地把奖状放进了书包里，又从书包里拿出，打开欣赏。我看见奖状在对我微笑，我的手不禁微抖，眼光痴痴地望着窗外，仿佛看见了父母捧奖状欣喜的样子，仿佛听见了他们对我的赞扬的话语。

136. 一定要比他强

回到家，我躺在床上，翻来覆去睡不着觉。心里暗暗地想："他能做25个，我为什么不能呢？难道我比他笨？不，不可能！我绝不是比他笨，只是我比他练习的少罢了。对，我一定要努力锻炼，超过他。"于是，从那天开始，我便下定决心，每天坚持做5个俯卧撑。一天、两天……随着天数的增加，渐渐的，渐渐的，我一口气能做30多个。再经过一段时间的刻苦锻炼，我已经能做40多个了。

137. 坚定的年轻战士

我的心绷得紧紧的，这怎么忍受得了呢？我担心这个年轻的战士会突然跳起来，或者突然叫起来。我不敢朝他那边看，不忍眼巴巴地看着我的战友活活地烧死。但是，我忍不住不看，我盼望出现什么奇迹：火突然间熄灭了。我的心像刀绞一般，眼泪模糊了我的眼睛。

138. 钢琴考试

今天是我参加钢琴考级的日子，我早早的起了床，跟着妈妈来到了考场。想起了以前天天练琴的日子真是辛苦，有的时候手都磨破了，现在想起来都想哭，所以今天我一定要考出好成绩。快到我了，我的心都快提到嗓子眼了，我心神不宁地问妈妈："妈妈，你说我能考好吗？"妈妈看到我紧张的样子，就安慰我说："没事，一定能考好，加油吧！"我这才感觉好点。考完了，我一阵轻快的步子走到了妈妈面前，"妈妈，我考完了。""好多了吧？"妈妈笑眯眯地说。我点了点头，一边和妈妈离开了考场，可是一边心里还是有些忐忑不安，我的成绩会好吗？应该会吧。

139. 糟糕的分数

"啊！我才84分？"这时，我的心里乱哄哄的，"我还能回家吗？"想到这里，我不禁小声哭泣起来。"怎么办？说试卷丢了？不行，妈妈肯定不相信！哎……"

放学了，我手里拿着84分的试卷，小心翼翼地回了家。不知道，有什么厄运在等着我……

140. 母亲的逃亡

"完蛋了吗？"母亲问自己道，但紧接着颤抖地回答："大约还不妨吧……"

可是，她立刻鼓起勇气严厉地说："完蛋了。"

她向四周望了望，什么也看不见，各种想法在她脑子里像火花似的一个个爆发，然后又熄灭了，但是另外一个火花格外明亮地一闪。

"丢掉儿子的演说稿？让它落在那帮家伙手里……"

"那么带着箱子逃吗？……赶快逃……"

141. 教室里的球印

"教室后面的那个球印是谁扣的?"班主任厉声怒喝。

教室里鸦雀无声,大概连同学的呼吸声也能听得一清二楚。

"就是因为那个球印,给我们班纪律扣3分,是谁?你该主动承认错误。"

球印?教室后面的球印?我似乎从死一般的沉寂中醒来,那个球印不是陈明印的吗?在场有许多同学看见了。陈明啊陈明,你快站出来主动承认,这样或许就会得到宽恕,要是被揭发,你有好戏看了,快站出来!我不禁瞟了几眼陈明,恰巧碰到了老师严厉的目光,这时班主任是不会放过任何蛛丝马迹的。我心里猛然一慌,这已成了条件反射。"慌什么!又不是我干的,真没有出息!"我这样安慰自己,但心里难免有一点紧张。快点呀,陈明,快点!要不班主任要赖到我头上了。赶快!

班主任的眼光果然落到了我身上。我越发紧张了,怎么办?告发他吧!我把手往桌上放了放,刚想向上举起,猛地又缩了回来。不!我不能这样,我希望他自己站出来。我不能剥夺他的这个改过自新的机会,要告发他的应该是他自己。

站出来呀,该死的陈明!

"老师……"一个怯弱的声音让我如梦方醒,他,终于站出来了!

142. 逃跑

我一边跑一边想:"看样子是难以逃脱了,扔了米跑吧。山上急等着用粮食,舍不得丢,而且就是扔了也不一定能逃得脱;不扔吧,叫敌人追上了也是人粮两空。怎么办呢?"这时,洪七还紧跟着我,

61

呼哧呼哧直喘气呢。我听着他的喘气声，蓦地想出了一个法子。可是当我这样想着的时候，我自己不由得浑身都颤抖了起来：儿子，多好的儿子，这叫我怎么跟他妈交代呢？可是，不这样又不行，孩子要紧，革命的事业更要紧！也许我能替了孩子，可孩子替不了我呀！

143. 女孩的火柴

"她的一双小手几乎冻僵了。啊，哪怕一根小小的火柴，也会对她有好处的！她敢从成把的火柴里抽出一根，在墙上擦燃了，暖和暖和手吗？她抽出了一根火柴。"哧！"燃起来了，冒出火焰来了！她把小手拢在火焰上，多么温暖多么明亮的火焰啊，简直像一支小小的蜡烛。这是一道奇异的火光，女孩觉得自己好像坐在一个装着闪亮的铜脚铜捏手的大火炉前面。火炉里的火烧得旺旺的，暖烘烘的，她觉得多么舒服啊！但是——怎么回事呢？——她刚把脚伸出去，想把脚也暖和一下，火柴灭了，火炉不见了。她只拿着一根烧过了的火柴，坐在那儿。

她又擦了一根。火柴燃起来了，发出亮光来了。亮光落在墙上，那儿就变得像薄纱那么透明，她可以从那儿一直看到屋里：桌上铺着雪白的台布，摆着精致的盘碗，填满了苹果和葡萄干的烤鹅正冒着热气。更妙的是，这只鹅从盘子里跳下来，背上插着刀和叉，摇摇摆摆地在地板上走着，一直向这个可怜的小女孩走来。这时候，火柴又灭了，面前没有别的，只有一堵又厚又冷的墙。"

144. 回家路上的灯

回家的路上路灯亮了。我的心"咯噔"一下：糟了，这回又晚了。我慌慌张张地向家里跑去。一路上，爸爸黑边眼镜后面那双严厉的眼睛，不时地出现在我眼前。我的心立刻忐忑不安，七上八下的。我一路小跑，心里不住地埋怨自己："前几天爸爸刚刚说过，放学要直接回家，不要到别处去玩。可是我刚坚持三天，就又给忘了。这回爸爸一定会特别生气，说不定还要揍我呢！这时，我放慢了脚步，怎么办？现在只有一条路，那就是向爸爸承认错误，请他原谅。想到这儿，我就加快了脚下的速度，飞速地向家里跑去。

145. 拾到的笔

放学后，该我参加卫生大扫除了，我拿起一把大笤帚走到教室后面开始清扫地面。忽然，在一张桌子腿下发现一支笔，我捡起来一看，原来是一支"派克"圆珠笔。这笔是谁的呢？我看了一下座位，这是王明同学坐的地方，准是他丢的。我记得前些天，他还向同学们吹嘘地说，他过生日的时候，他爸爸要送他一支"派克"笔。这下别吹了，我把它藏起来，让他尝尝着急的滋味。我把笔放进口袋里，"刷刷"的清扫地面。忽然，我眼前浮现出王明同学着急的面孔，仿佛看见他急得抓耳挠腮。我这个玩笑开得不是地方，我得把笔给他送去，让他获得一个意外的惊喜。

146. 生日的那天

那天是我的生日，我一回到家就飞速写完了作业。6点了，按照平常的惯例，爸妈早就应该回来了，更何况今天是我的生日！可能是去超市给我买东西了吧，想到这儿，我便打开电视看了起来。6点25分了，我站了起来，不停地踱步，焦急地等着……难道他们出事了？我心里一惊，又想："一定是想给我一个惊喜……""铃——铃——铃——"电话铃声刚响我就冲过去拿起了话筒，"喂！吴翔，补充题第二题怎么做?"我一听又泄气了,张雨这家伙就会扫我的兴。"我不知道,少打电话。""砰"的一声,我挂上了电话。

147. 难熬的时间

我只得坐在位置上发呆,这感觉是多么难熬啊,更何况旁边那位仁兄还在一个劲儿地抽烟,烟味把我熏得够呛。鼻子难受得要命,我只好转过身去。再看看周围,大家有说有笑,没有一丝烦躁。"他们怎么那么有耐心啊?"我生气地想。时间似乎故意和我作对——走得慢极了,烦躁、焦急一起涌上心来,我不停地看表,盯着那慢慢移动的秒针。41、42、43……我慢慢地数着,心里冒出一股无名火——你咋跑得这么慢呢!

148. 第一次跳水

我站在跳台上,向台下一看,只见下面水花飞溅。我好像是一个巨人,周围的建筑物都变得矮小了,像被我踩在脚下似的。湛蓝的跳水池水平如镜,水池边的建筑物像玩具一样,显得特别矮小可爱。哈哈,我是一个巨人了。但转眼一想:"从这么高的跳台跳下去会不会淹死呢?"想到这里,我不由得打了一个寒颤,刚才那股高兴劲儿,早就飞到九霄云外去了。

149. 和老师赌气

"干嘛光批评我呀!他打人怎么看不见?本来我还想承认错误,这么一来我偏不承认。"

上课铃响了,我赌气不进教室,站在门口生气。走来过去的老师们都向我投来了严肃的目光，看得我又羞愧又悔恨，比挨打挨骂还难受。这时，我才觉得作为一个学生干部和老师赌气真不应该。现在和同学们一起上课该多好呀！我多么希望有个同学叫我回教室啊！

上体育课的低年级小同学正看着我，尤其我胳膊上那中队长标志更显得引人注目。我感到脸上一阵阵发烧，便偷偷地把它摘下来，塞进口袋里。

150. 老师的错误

"咱俩做的一模一样？"我半信半疑地接过考卷。果然，两道题解法一样，但老师的批改却一个是"√"，一个是"×"。我先是一惊，后来我想一定是老师改错了。我一面为自己"侥幸脱险"而暗自庆幸，一面又为同学发现了自己的错题而忐忑不安。

渐渐地，庆幸的心情被不安所替代。我的心剧烈地跳动着，就像怀中有只淘气的兔子一样。我目不转睛地盯着这张该死的考卷，害怕地想："要是同学把这件事告诉老师，那我……"我闭上了眼睛，渐渐地又后悔起来："当初我要是不把考卷给他抄，那该多好啊。可现在，一切都完了。"突然间，我看见桌上的《小学生守则》，心灵好像被重重地一击。我打开本子，一行大字映入眼帘："诚实勇敢。"

151. 陌生人的追赶

我回头一看，只见一个身材瘦小的人正比划着向我跑来。他高颧骨，凹眼睛，嘴向外突出，脸又窄又瘦。追我干啥？哎呀！他是不是坏人？我心一慌，抱着提包跑了起来。此时，路上一个行人也没有，再回头一望，那人追得更凶了。尤其是他那怪叫声使我毛骨悚然，心提到了嗓子眼，我没命地跑起来。我大口大口地喘着粗气，嘴唇也颤抖起来，我哭了。突然，我脚一软，摔倒在地上，提包甩出老远。我拼命地想爬起来，可是人已经站到了我的面前。"完了，他要杀我了。"我想。只见他手里拿着一件黑乎乎的东西，好像是匕首。我惊恐地望着他。可是，他并没有伤害我的意思，却把我扶起来。这时，我才惊奇地发现他手里拿的竟是我的钱包，同时，我发现他原来是个聋哑人。真是虚惊一场。

152. 讲台上的照片

同学们依次走上讲台去看那未来科学家的照片，可下来的同学没有一个不笑的。有个女同学跑上讲台，忽然瞪大了眼睛，嘴巴成了"O"形，但又马上回过神来，笑着跑下了讲台。我更是丈二的和尚——摸不着头脑。怎么？有照片那么可笑吗？难道照片上的那人没鼻子，没眼睛，是个外星人不成？我越发奇怪，恨不得马上冲上讲台看个究竟。

153. 到底是谁错了

我的心"怦怦怦"地跳起来了。是我错了，还是他错了？于是我急忙拿出笔和纸，背着张力算了好几遍。结果张力是对的。怎么办？这时候，我的心里七上八下没了主意。我想："如果让同学和老师知道了，我的荣耀就……如果让爸爸知道了，他不但不会奖励我，还会不高兴的。算了，不说也没有人知道……"

154. 花瓶的缺口

接连这几天，我回到家总要看看花瓶，生怕妈妈发现这个破口。

星期四中午，我回到家，看到那个花瓶里插了两枝鲜艳的桃花，便兴致勃勃地观赏起来。这时，妈妈走过来对我说："安宁，这个花瓶是不是你打破的？""不是我，是舅舅打破的。"我吞吞吐吐地说。妈妈听后，叹了口气，便到厨房去做饭了。啊，我总算逃脱了妈妈的"教育"。但在这天夜里，我怎么也睡不着，心里总是在想："这花瓶明明是我打破的，怎么可以说是舅舅打的呢，这是撒谎呀……"我怎么也睡不着，这是我第一次向妈妈撒谎，心里难受极了。

155. 漆黑的房间

夜幕降临了，我独自一人在屋里看书。突然灯灭了，四周一片漆黑。我呆呆地坐在椅子上，心里害怕极了。我看见大树像个披头散发的疯女人向我扑来。我家的小狗也像鬼一般地叫着。我吓得急忙用手蒙住眼睛，捂住耳朵。这时一阵敲门声传进了我的耳朵里。"是不是小偷来了？"我急的眼泪直往外流，不知该怎么办才好。

156. 帮妈妈干活

星期天吃过早饭，看到妈妈忙这忙那，就想帮妈妈干点活。于是，我就和姐姐拿了几件衣服到小河边去洗。我们选了一个合适的地方坐下来。我把衣服泡在水里，心想："这第一次洗衣，一定要洗好。于是，就在一件小衣服上倒上了一大堆洗衣粉，还暗笑姐姐小气，只用那么一点点洗衣粉。可我刚搓了几下，泡沫就到处乱飞，溅得我满身都是，把我弄成了一个大花脸。我急忙把衣服往水里冲了几遍。姐姐接过衣服翻开衣领和袖子说："你看，衣领还是这么黑，袖子上的稀饭还没洗去。"我一看，真的没有洗干净，姐姐就教我洗。她说："洗衣服要重点洗衣领和袖子，洗衣粉不可用得太多。多了会溅泡沫，也太浪费。"我按照姐姐说的去洗，果然洗得干净多了。

157. 不诚实的爸爸

诚实，是一种美德。人人都说大人们一向诚实，哼！我可不这样认为呢！

就拿我爸爸来说吧！他整天扑在教育事业上，不是批改作业，就是为学生补课。有一次，妈妈叫他洗菜，他说要上厕所，结果去了半天也没有回来。原来，他又跑到学校给学生补课啦！

爸爸是教我们语文的。记得有一次，爸爸发了高烧，躺在病床上不断地呻吟。我和妈妈手忙脚乱地找大夫，端水、煎药，过了一会儿，爸爸的病情有所好转。大夫说："你这是劳累过度体质太弱了，只要好好休息就没什么事了。"我和妈妈也连连点头，劝爸爸要注意休息。妈妈还下了一道死命令："从今以后，准时下班，准时熄灯，否则……"我听了暗暗好笑，说道："我来当专业监督员！"

158. 教室里的爸爸

一吃完饭，我背着书包欢欢喜喜地上学去。一路上，小鸟为我唱歌，小虫为我演奏，小树向我招手，甭提我心里有多高兴呀！一会儿，我就到了学校。

"丁铃铃"，预备铃响了，我端端正正地坐在教室里，等着新老师给我们上课。"丁铃铃"，上课铃响了，蹒跚着走进来的是我的爸爸。我望着爸爸呆了，记得那一节课我上得格外认真。

159. 失去的好战士

　　我知道你们又失去了一位好战士，心里特别难过，我也同样心痛。你们这些孩子真不简单啊！为了打击法西斯，年纪轻轻就离开了父母，在异国他乡浴血奋战……我的孩子也曾驰骋在沙场上，如今，却已英勇捐躯……孩子们啊，以后的战斗将会更加凶险。勇敢些，父母的心总伴随着你们冲锋陷阵；小心些，父母放不下的心还在等待你们的凯旋呀！我祝福你们！

　　我抬起头看了他们一眼，他们各个精神抖擞，只是战火的硝烟让他们俊俏的脸庞上涂了一层漆黑，可明亮的眼睛里却透露出了仇恨与善良，我知道这矛盾的眼神里蕴涵着什么。我在心里默默的祝福，愿上帝保佑他们早日取得胜利，保佑他们能够平安活着。我深深地鞠了一躬，因为他们的英勇让我感动……

　　悲伤，为国家的破落和战乱，也为年轻战士的死亡。她希望自己能够安慰他的灵魂，她爱着她的祖国和人民。她盼望着和平，她希望那位士兵能够在天堂中获得安慰，幸福。

160. 考试后的祈祷

　　我不停地在心里念叨："阿弥陀佛，大慈大悲的观世音菩萨，保佑我吧！我再也不踢球了，不看电视，不打游戏机了。唉！都怪我自己，老想着打游戏机，考试前一天还趁父母不在家偷看了一个小时的电视。老师啊，手下留情，你让我过了这一关，我以后上课一定好好听讲，千万千万别让我不及格啊！"

161．满是鲜红的考卷

　　我好像看见满试卷鲜红的叉组成一张巨大的网向我卷来，把我网住，使我不能动弹，不能挣扎。我又仿佛看到了老师满面的怒容，仿佛听到了父母失望的叹息声和旁人的嘲笑声。

162．成绩公布

　　天阴沉沉的，不时刮来阵阵冷风。风刮到我身上，我就不由自主地打颤。教室里静悄悄的，只听见"沙沙"的发试卷的声音。"哗啦！"我的心随之猛跳了一下，一个同学不小心把书碰到了地下。同桌的试卷已发下来了，72分，看着同桌哭丧的脸，我不由得心里直打鼓。

163．失败的考卷

　　试卷静静地反躺在桌上。我用有点颤抖的手去慢慢地掀开试卷一角，一个鲜红的"4"字映入我的眼帘，我的手一抖，试卷又合上了。我一咬牙，把手伸到试卷底下，用力一翻，随着"啪"的一声，我看到了我的分数——48，可怜的"48"，我"唉"了一声便瘫在桌上。

　　我极想打开试卷，可又怕自己看见可怕的结果，就像一个渴睡的人，极想揭开床上的毛毯，又怕钻出一条响尾蛇一样。

164．忐忑的孩子

　　凛冽的寒风刮在小辉身上。他跟在老师后面向办公室走去，心中忐忑不安："怎么办？真是的，看你怎么会看到连作业都忘记写？下次不看了。希望老师能放过我吧，对了，我说是妈妈生病了，因为照顾妈妈所以没有写作业！唉，不行不行。那，说是把作业本落在学校了？可是可是，老师怎么会相信呢？哎呀，老师不会要把我家长叫来学校吧？那可就惨了，上帝啊，保佑我吧。我亲爱的老师啊，您狠狠骂我吧，只要不叫我家长来就行。"

这时候，老师对小辉说："孩子，你怎么了，脸为什么红红的？是不是生病了？"

"啊，老师我、我……"。

165. 梦想当画家

我总想当一名画家，如果有一天我真的如愿以偿该多好啊！

有一次，我梦见妈妈把我送到了美术班，老师教我画小鱼、小鸟、小兔、大树、小草，老师还夸我画的很好看呢！我正得意洋洋的时候，听到有人喊："起床了，起床了!"我睁开眼睛一看，哦！原来是妈妈在叫我。我揉揉没有睡醒的眼睛想："如果我真的当上了一名画家，我一定要坐上开往西藏的列车，在这辆特殊的列车上把西藏的自然美景都画下来。我还要把西藏的首府拉萨也画下来。"。

166. 滚动的钢笔

那支钢笔在那里滚动着，渗透出了一种既调皮又天真的本质。我看着那位姐姐的钢笔，眉头拧成一块疙瘩，又舒展开，吸进一口气，又从口中轻轻呼出去，掩饰了自己心中的一阵慌乱。其实心里早就炸开了锅，仿佛冒出了一位君子与一位小人，从心里不约而同地冒出一句话："开庭——!"君子先开口了："俗话说'送人玫瑰，手有余香'。要是帮助那位姐姐捡起钢笔，你也会获得快乐！"小人却反驳道："现在的社会十分复杂，许多事物只是表面化，你帮助人家，人家还会嫌你多管闲事呢！"君子见小人句句有理，也毫不示弱，大声指责到："小学生就应该乐于助人，做好自己的本责才是最重要的！你帮助了别人，绝不被别人认为是多管闲事……"君子话未完，坐在观众席上的我站起来，大声一吼："STOP！停止！别吵了！"君子与小人愣了一下，看了我一眼，我拼命地摇起头，回到了现实当中，目光又盯到了那支钢笔上……

167. 庆幸与不安

渐渐地，庆幸的心情被不安所替代。我的心剧烈地跳动着，就像怀中有只淘气的兔子一样。我目不转睛地盯着这张该死的考卷，害怕地想：要是同学把这件事告诉老师，那我……我闭上了眼睛，渐渐地又后悔起来："当初我要是不把考卷给他抄，那该多好啊。可现在，一切都完了。突然间，我看见桌上的《小学生守则》，心灵好像被重重地一击。我打开本子，一行大字映入眼帘："诚实勇敢"。

168. 面对讲台

我紧张地走向讲台，心想："怎么办，怎么办？我要去讲台了，万一讲不好，我丢面子就丢大了，怎么办，我的心里真是十五个吊桶打水——七上八下，每一步都是寸步难行，我终于知道什么是热锅上的蚂蚁了。我完了，如果丢了面子我还怎么在班上待呀？唉呀，我完了，我完了！"

169. 超越对手

这下我可开心了，我超过了自己的对手，心里比吃了蜜还甜，我好像到了天堂一样。我真是激动万分，欣喜若狂。我简直高兴到了极点，仿佛变成了超人在天空中自由自在地漫天遨翔。我的心中好像有一股使不完的劲，就要爆发了，我实在太高兴了。

170. 面对全体同学

我紧张地走向讲台，心想："这下我就要面对全班同学和老师讲话了。"一想到这儿，我心里是十五个吊桶打水——七上八下，我紧张得一句话也说不出来了，呆呆地站在那儿。我突然想："紧张什么，不要怕，要坚强，要不断地锻炼自己，要对自己有信心。"

171. 学会建立自信

我紧张地走向讲台，心想：终于到我了，我一定要有信心，可千万不要出差错，如果出了差错，在全班同学面前可真是太丢脸了！"台上一分钟，台下十年功"，可别练习了那么久，一上讲台就紧张得说不出话来了。前面的同学都说得那么好，我一定也要对自己有信心，别人能做到的我一定也可以！

172. 舅舅的礼物

这下我可开心了，舅舅说从上海寄了很多东西给我，有吃的也有玩具，我真是太期待了！肯定会有我最喜欢的巧克力，说不定还会有可爱的毛绒玩具呢！舅舅还说有一个惊喜等着我，会是什么呢？反正是能让我乐上好几天的东西，好兴奋呀。真的好想快点得到这一份大礼！舅舅对我真是太好了！

173. 给同学讲故事

这下我可开心了，我硬着头皮讲了一个故事，没想到同学们听得那么认真，我仿佛就是一位小老师。原来胆小不敢上讲台的我，竟然讲得那么流利，那么大声，这使我有了自信，让我胆子变大了。我讲完了还博得了同学们的一阵掌声，听着掌声我心里比吃了蜜还甜，这毕竟是我用努力换来的呀！我多高兴，多自豪，这一次小小的锻炼让我迈上了自信的台阶，我再也不怕上讲台了！

174. 寒假开始了

这下我可开心了，寒假第一周，我就把作业做完了，我可以好好的玩一场了。没有了爸妈的唠叨，心情一直很开心。告别沉重的书包，成堆的书，那滋味，甜哪！面对正在开启的电脑，我犹豫了……难道我抓紧时间学习就是为了玩游戏吗？我告诉我自己："不，不是，那不是我的作风。"我选择关上了它。毅然回到了课桌前，拿起课课通，阅读起来。其实，在书的海洋里畅游，也是一件很有乐趣的事！

175. 我的寂寞

总之现在我是四海一身，落落寞寞，同枯燥的电杆一样，光泽泽的在寒风灰土里冷颤。眼泪也没有，愁叹也没有，称心的事业、知己的朋友，一点儿也没有，没有没有没有……什么也没有，所有的就是一个空洞的心！同寒灰似的一个心！

176. 爱幻想的爱玛

　　爱玛被罗道耳弗遗弃时，她的肉身轻松愉快，不再思想，并开始新的生命。她觉得她的灵魂奔向上帝，仿佛香点着了，化成一道青烟，眼看就要融入天上的爱……恍惚听见空中仙乐铿锵，隐约望见天父坐在碧霄的金殿，威仪万千，诸圣侍立两侧，拿着绿棕榈枝子，只见天父摆了摆手，就有火焰翅膀的天使飞下地来，伸出两只胳膊，托她上天。

177. 惊慌的人

　　汽车发疯似的向前飞跑。吴老太爷向前看。天哪！几百个亮着灯光的窝洞，像几百只怪眼睛；高耸碧霄的摩天建筑，排山倒海般地扑到吴老太爷眼前，忽地又没有了；光秃秃的平地拔立的路灯杆，无穷无尽地，一杆接一杆地向吴老太爷脸前打来，忽地又没有了；长蛇阵似的一串黑怪物，头上都有一对大眼睛放射出叫人目眩的强光，啵，啵地吼着，闪电似的冲将过来，对准着吴老太爷坐的小箱子冲将过来！近了！近了！吴老太爷闭了眼睛，全身都抖了。他觉得他的头颅仿佛是在脖子上旋转；他眼前是红的，黄的，绿的，黑的，发光的，立方体的，圆锥形的，混杂的一团，在那里跳，在那里转；他耳朵里灌满了轰，轰，轰！轧，轧，轧！啵，啵，啵！猛烈嘈杂的声浪会叫人心跳出腔子似的。

178. 她的恐惧

爱斯梅哈尔达依旧立着，那张使得许多不幸者受过苦的皮床，叫她害怕。恐怖使她每根骨头都发抖。她站在那儿，吓呆了。夏赫倍吕作了个手势，两个助手便把她牵过去坐在床上。他们没有伤害她，但是当他们一碰到她，当那皮床一碰到她，她就觉得周身血液全向心底流去了。她用恐怖的目光环顾室内。她仿佛看见那些难看的刑具从各方面向她爬来，爬到她身上，咬她、钳她、刺她；她觉得这些东西在各种东西里面，就像是昆虫和禽鸟里面的蜘蛛，蜈蚣和蝙蝠。

179. 每天的痛苦

一家人都上床睡去了，苔丝虽然万分痛苦，但是没有法子，只得也跟着睡下。她躺在床上，总是不断地醒过来。到了半夜一看，那孩子的情形更坏了，他分明是只有出气，没有入气了，看看倒是安安静静，没有痛苦，实在却是毫无疑问慢慢死去的样子。

她痛苦得无法可想，只在床上翻来覆去。就在这种时候胡乱的想象才越出理智的范围，心头种种险恶的揣测才变成牢不可破的事实。她就想到，那个孩子既是私生，又没受洗，两罪俱罚，于是就打到了地狱最下层的犄角上；她看见那个大魔鬼拿着一把三刃叉，像他们烤面包的时候热烤炉用的那样，把这孩子叉来叉去；在这种想象里，她又添加了许多别的奇奇怪怪的残酷刑罚……在人们都睡着了的屋子里，静悄悄的，她越捉摸，那种森严阴惨的情景就越活现。她的睡衣都叫冷汗湿透了，它的心跳一下，她的床也跟着动一下。

180. 希望的破灭

小福子死了，祥子的希望破灭了。他把车拉出去，心中完全是块空白，不再想什么，只为肚子才出来受罪，肚子饱了就去睡，还用想什么呢，还用希望什么呢？看着一条瘦得出了棱的狗在白薯挑子旁边等着吃点皮和须子，他明白了他自己就跟这条狗一样，一天的动作只为捡些白薯皮和须子吃，将就着活下去是一切，什么也无须想了。

181. 别人羡慕的幸福

他结婚，祖父有了孙媳，父亲有了儿媳妇，别的许多人也有了短时间的笑乐，但他自己也并不是一无所得，他得到一个能够体贴他的温柔的姑娘，她的相貌也并不比他那个表妹差。他满意了，在短时期内他享受他以前不曾料想到的种种乐趣，在短时期内他忘记了过去的美妙的幻想，忘记了另一个女郎，忘记了他的前程。他满足了，他陶醉了，陶醉在一个少女的爱情里。他的脸上常常带着笑容，而且整天躲在房里陪伴他的新婚的妻子。周围的人都羡慕他的幸福，他以为自己是幸福的了。

182. 收到的信

看完这封信，心里却急烈地跳动起来，似乎幸福挤进他的心，他将要晕倒了！他在桌边一时痴呆地，他想，他在人间是孤零的，单独的，虽在中国的疆土上，跑了不少的地面，可是终究是孤独的。现在他不料来这小镇内，却被一位天真可爱而又极端美丽的姑娘，用爱丝来绕住他，几乎使他不得动弹，虽然他明了，她是一个感情奔放的人，或者她是用玩洋囡囡的态度来玩他，可是谁能否定这不是"爱"呢？爱，他对这个字却仔细解剖过的。但现在，他能说他不爱她么？这时，似乎他秋天的思想，被夏天的浓云的动作来密布了。

183. 坚定的信心

现在，受了重伤的、永远没有希望归队的他，该怎么办呢？他不是曾经从伊林娜·巴赞诺娃那里知道了他的未来是极惨淡的吗？那么往后究竟怎么办呢？这个没有解决的问题，就像出现在他前面的一个吓人的黑洞。

现在，当他已经失去了最宝贵的东西，进行斗争的能力的时候，到底为什么还要活？在现在，在没有欢乐的将来，他的生命还有什么用处？应该怎样有所作为？只为着吃喝和呼吸吗？只作为一个无用的旁观者，目击同志们在斗争中前进吗？只作同志们的一个赘疣吗？他应不应该抛弃这个现在已经背叛了他的肉体呢？他对自己说："朋友，你是一个假英雄！任何一个傻瓜在任何时候都能结果他自己！这是最怯懦也是最容易的出路。觉得不好活下去，就啪的一枪倒下去。你有没有试试去战胜这种生活？你是不是已经尽了一切努力来挣脱这铁环呢？难道你已经把你在诺夫哥罗德战斗中，一天十七次的冲锋，而终于不顾一切困难攻克了该城的事情忘了吗？把手枪藏起来，永远不要让别人知道你有过这种念头。即使到了生活实在是难以忍受的时候，也要找出活下去的方法。使你的生命有用处吧！"

184. 手里的传单

她每次把小册子递出去时，那个宪兵军官的面孔就闪现在她的眼前，像一个黄色的斑点，仿佛火柴在暗室中发出的亮光一般。她怀着一种幸灾乐祸的心情，在心里对他说："给你，老总……"她递出下一包传单时，心满意足地又补上一句："给你……"

她心里琢磨着怎样把她第一次的体验告诉儿子，但是在她面前总要出现军官那张狐疑的险恶的黄脸。他脸上的小黑胡子惊惶失措地索索抖动，翻着上嘴唇，下面露出一排紧紧咬着的白牙。母亲心里高高兴兴，像有只小鸟在那里歌唱。

185. 增加的店员

"增加了店员？"老许的声音，充满了怀疑与不满，停顿了几秒钟，又略微缓和下来，问道："这店员是谁？"

"郑克昌，一个失业青年。"

"失业青年？"老许反问一句，又住口了。这书店，是用来作联络站的，根本不能让外人接近。甫志高不是说书店的一切，完全是照规定的方案办的吗？为什么到这里一看，什么都不合规定呢？为什么要扩大书店？为什么书店里摆着许多惹人注目的进步书籍？为什么要办什么刊物？为什么要招收新的店员？这些事，全是不应该搞的，而甫志高一点没有汇报过。要不是亲自来检查一下，这联络站一使用，定会发生问题。许云峰心里，不仅对甫志高的所作所为非常不满，而且敏锐地感到一种危险。多年的经验使他不能不对一切不正常的现象，引起应有的察觉。

186. 第一次的任务

他没法解释，大江大海过了多少，为什么这一次的任务偏偏没有完成？自己没儿没女，这两个孩子多么叫人喜爱！自己平日夸下口，这一次带着挂花的人进去，怎么张嘴说话？这老脸呀！

187. 爸爸的身影

吃好晚饭到了楼上，我马上跑到走廊上，眼睛一眨不眨地盯着那个拐弯处，眼巴巴地盼着爸爸的身影。可是望了很久，始终不见爸爸电动车的灯光。我想："这样等也不是办法，还是把 VCD 打开，边听歌边等吧！"想干就干，我选了一张喜欢的碟片放了起来。突然，拐弯处开来一辆电动车，我以为爸爸回来了，高兴地跳了起来。可是仔细一看，原来是隔壁云芬姐的爸爸。"哎，真是竹篮打水一场空，空欢喜一场。"

我开始着急起来："爸爸最爱打牌了，要是在厂里打牌那可就糟了，要引起家庭战争的呀！"一种恐惧感袭上我的心头，"难道爸爸半路上出事了？天那么黑，又那么冷？"我开始胡思乱想起来，我的心也好像是七八只水桶提上掉下一样七上八下的。

188. 餐桌上的花瓶

放学回家，我看见餐桌上摆着一个非常漂亮的花瓶，上面插满了五颜六色的花。我终于禁不住诱惑，顺手拿起花瓶欣赏起来。可是，一不小心，"啪"地一声，花瓶掉在了地上，已经摔得粉碎，我顿时惊呆了。

这时，我觉得头上的汗禁不住从汗毛孔里钻出来："这该怎么办？这可是新买来的花瓶，在家里还没有摆放一天，就被我打得粉碎，妈妈一定会非常生气，说不准还会打我，我该怎么对妈妈讲？是说我一时大意，还是说我没有看见怎么碰碎的？唉！还是先把碎片收拾出去吧。对了，我把屋子上上下下，里里外外打扫得干干净净，说不准，妈妈一高兴，就原谅了我呢！"

189. 优异的成绩

我今天考试考了100分，一回到家，便把书包扔在床上，连忙抽出了100分的试卷，翻了一遍又一遍，心里有说不出的高兴。对了，老师还要求家长签字。

我便把试卷放在桌上，想象着爸爸妈妈欣喜若狂的样子，我不禁沾沾自喜，一下蹦得老高，心想这样不行，于是便把试卷折好放在那，慢慢的等着爸爸妈妈回来，心还不停地跳呢！

听着上楼的声音，那脚步声……我兴奋着不停地跑来跑去，可是没想到是别人。又听到了一阵脚步声，开门一看，哇～我的血压都升高了，是爸爸回来了，我便拿着100分的试卷给他。

他那本来木头般的脸像拨开了乌云见到阳光似的，顿时笑开了花，马上拿起笔，签上了他的大名。

190. 失败的实验

"实验又失败了。"已经午夜时分了。他，一个年轻的科学家，在路旁漫不经心地走着。现在的他灰心丧气，头低垂着，一边自言自语，一边用脚踢着地上的石子。风尘仆仆地去，又风尘仆仆地归，一副匆忙而灰头土脸的样子。家、实验室、家，三点一线，它像一只蚂蚁，在这条线段上做着折返。"为什么你总是那么疯狂？这才是第二个课题，就给自己选择了这么难的……"听他的口气，似乎是在责备自己。他还依稀记得，小时候看过的童话书里，有一幅漂亮的插图：一只美人鱼在水中，长发随着水波漂动。当时的他怎么也不会想到，自己以后会和这种神秘的生物打交道。现在的他，竟然想再现它；他还依稀记得，大约在一年以前，第一个课题刚刚成功，自己撰写的第二个研究计划就出炉了，他根本没有给自己休息的时间，没有给自己让头脑冷静下来的时间；他还依稀记得，他在作研究计划报告时的眉飞色舞、喜气洋洋："人鱼就是人类和某种鱼类的基因结合体……"然而那种眉飞色舞，从那以后再也未属于过自己。"休息三天再来吧！"他在离开实验室的时候对助手们说。他只是期盼，再回来时，能换一种心情。

191. 打碎的鱼缸

在清脆的落地声中，我才回过神来。看着地上几条活蹦乱跳的金鱼和一地的玻璃碎片，我惊呆了。那是姥姥最喜爱的金鱼呀！看见地上可怜的小生灵，我急忙把它们捞进盆里，打扫地上的碎片。

"叮……咚"门铃突然响起，把做了错事的我吓了一跳，我连忙跑过去开门，居然是姥姥。

姥姥迈进屋门，第一眼就看见了金鱼缸没了。我胆怯地低着头，不敢看姥姥那慈爱的脸，对姥姥说："我不小心把鱼缸打碎了！"我原以为会挨骂，但姥姥却慈祥地问我是否受伤。姥姥的关心使我心里像打翻了五味瓶，真不是滋味。

192. 两张电影票

怎么办呢？把这张票给了他们吧。哎呀，《大闹大宫》，我盼了好多天了。不给可也不行，我说过给他们呀。我急得在门口打起转转来。左思右想，我终于想出来个主意：下回学校再组织看电影，不管多好的片子，我都把票给他们。再说，我答应给他们两张票，这一张票，叫姐弟俩谁去呢？这一回我不告诉他们，等下回拿到两张电影票，我再对他们讲吧。

193. 爱学习的孩子

第二学期，童第周更加发愤学习。每天天不亮，他就悄悄起床，在校园的路灯下面读外语；夜里同学们都睡了，他又到路灯下面去学习。值班老师发现了，关上了路灯，叫他进屋睡觉。他趁老师不注意，又溜到厕所外边的路灯下面去看书。经过半年的努力，他的功课终于赶上来了，各科成绩都不错，数学还考了一百分。童第周看着成绩单，心想："一定要争气。我不比别人笨，别人能办到的事，我经过努力，一定也能办到。"

194. 书包里的钱

有一段时间老师专门检查书包，并且规定身上的钱财不许超过5角钱。正巧，我上午请假去参加别人的婚礼，身上带了很多钱，心想："哎呀！怎么办，如果老师检查到我的书包怎么办，如果我去跟老师说明情况吧，要是老师不相信怎么办。要不我看什么地方可以藏钱吧！不行不行，如果别人偷了怎么办？"这时我的脑子里乱糟糟的，像一团线胡乱地缠绕在一起。这时上课铃响了，老师要来了。我慌乱地把书包用身子遮住，紧张地想："完了完了，早知道我请一天假就好了，要是我会魔法就好了，一下子就会把钱送到家里去，这样我就能面对检查了。唉，我今天真倒霉！"

195. 捡到的钱

今天我捡到了一百元钱。望着手里的一百元钱，我想："交给老师，还是自己买东西呢？交给老师可以把钱还给失主，留给自己可以买好多玩具和吃的。"想到这我慌慌张张地把钱揣入口袋里。正在这时，我的好朋友丁丁走过来，看到他我的脸变得通红，心快要从嗓子眼里跳出来了。丁丁说："嗨，你怎么了?""我——我——"我的嗓子里吐不出一个字，我飞快地跑开了。回到教室，我坐立不安。

唉! 捡别人的钱不上交的滋味真像做贼呀! 太不好受了! 想到这，我决定把钱交给老师。我昂首挺胸地走向老师办公室。

196. 生命的承诺

记不清有多少个夜晚，在我翻阅纸张的指间滑走;记不清有多少支蜡烛，在我的凝视中化为灰烬。逝者如斯，我时时刻刻会听见自己对生命承诺的余音，感到岁月的流转在渐渐稀释我的年少无知。我愿自己是一只上足了发条的时钟，在昼夜不停的流转中留下自己充实的每一刻。

197. 保护地球

如果人类不好好保护我们这个赖以生存的地球，终有一天，风沙的肆虐与垃圾的堆积会吞没我们美丽的家园。我向全世界的人们呼吁:让我们从现在开始，从我做起，手挽手，肩并肩共同保护我们的家园吧!

198. 学海无涯

正所谓"学海无涯"。我们正像一群群鱼儿在茫茫的知识之海中跳跃、嬉戏，在知识之海中出生、成长、生活。我们离不开这维持生活的"海水"，如果跳出这个"海洋"，到"陆地"上去生活，我们就会被无情的"太阳"晒死。

199. 平凡的美丽

美丽是平凡的，平凡得让你感觉不到她的存在；美丽是平淡的，平淡得只剩下温馨的回忆；美丽又是平静的，平静得只有你费尽心思才能激起她的涟漪。

200. 心是一棵树

心是一棵树，爱与希望的根须扎在土里，智慧与情感的枝叶招展在蓝天下。无论是岁月的风雨扑面而来，还是滚滚尘埃遮蔽了翠叶青枝，它总是静默地矗立在那里等待，并接受一切来临，既不倨傲，也不卑微。

心是一棵树，一个个故事被年轮携载，一回回驿动与飞鸟相约，一次次碰撞使它绵密柔韧，一幕幕经历造就了它博广的胸怀。心是一棵树，独木不成林。因此，树与树既独立又相连，心与心既相异又相亲。

201. 洁白的画纸

人生是洁白的画纸，我们每个人就是手握各色笔的画师；人生也是一条看不到尽头的长路，我们每个人则是人生道路的远足者；人生还像是一块神奇的土地，我们每个人则是手握农具的耕耘者；但人生更像一本难懂的书，我们每个人则是孜孜不倦的读书郎。

202. 记忆中的人

"我在什么地方看见过他!"母亲想了一想,她想用这个念头来抑制胸中的隐隐的不快的感觉,而不想用别的言语来说出这种慢慢地而又有力地使她的心冷得紧缩起来的感觉。但是这种感觉增长起来,升到喉咙口,嘴里充满了干燥的苦味。母亲忍不住想要回头再看一次。她这样做了,那人站在原地方,小心地两脚交替地踏着,好像他想做一件事而又没有决心去做。他的右手塞在大衣的纽扣之间,左手放在口袋里,因此,他的右肩好像比左肩高些。

203. 数学作业

今天我的数学一点也没有写,我紧张极了,生怕被老师发现,心想:"数学老师呀,你今天就不要来上课了。如果你发现我没写作业你一定会罚我抄课文的。我可不想抄啊!"我时不时地抬头望着表。此时,时间仿佛过得飞快,半个小时一会儿就过去了。我竖着耳朵听着门口的脚步声,只听远处传来了沉重的脚步声,我心想:"这沉重的脚步声会不会是数学老师发出来的呢?"我的心都悬到了嗓子眼。突然,门开了。一个黑色的身影走了进来,不是数学老师是谁,我想:"完了,今天的课文非抄不可了。"果然,我不但被罚抄了课文还被老师批了一顿,这个倒霉。

204. 暑假旅行

在我的再三请求下,爸爸答应了。我和爸爸兴高采烈地上了船。开始,"海盗船"慢慢地摇来摇去,像我们在校园里荡秋千一样舒服。

我刚想闭着眼睛享受，突然"嘭"的一声，我被弹了一下，赶紧睁开眼一看：哇！好高啊！真像腾云驾雾一样刺激极了。一会儿，又猛地晃下去，一会儿又猛地浮上来。

我的心随着"海盗船"的晃动也跳个不停。刚摇晃几个回合，我开始害怕了，因为我感觉到内心发闷，心脏都快要蹦出来了，我几乎要掉下去似的。我哭喊着："叔叔阿姨，快救命啊！我不坐了!"可是，我喊也没有用，"海盗船"照样是晃个不停。我非常后悔刚才不听爸爸的劝告。只是紧紧地抱着旁边的栏杆，咬紧牙关，一声不响地坐着。过了一会儿，"海盗船"渐渐停下来，再过一会，"海盗船"终于停了。我感觉头好昏好痛，心闷得直想吐。妈妈赶紧扶我坐在石头椅子上。爸爸看着脸色发青的我却笑着说："舒服不舒服，以后还敢坐吗?"我连忙说："不敢坐了，不敢坐了。"一会儿，我的头不痛了，我们手拉着手又愉快地乘坐了"飞艇冲浪"、"飞天巴士"、"碰碰车"。

205. 第一次坐海盗船

放暑假了，我和表姐去环岛路的游乐园玩。游乐园里有很多惊险游戏，我光是看着别人玩就心惊肉跳，更别说是自己去玩了。表姐拍拍我的肩说："你敢不敢去坐海盗船呀?"我从来没坐过，我怕万一坐不稳掉下去，那会要我的命的，我害怕，于是摇摇头。但转念一想，如果让表姐知道我是胆小鬼，那会成为她笑话我的把柄，于是我小声地说了声："敢。"表姐把我带到了售票处买了两张票。我看着海盗船前后摆动着，坐在船上的人们发出可怕的尖叫声，我吓坏了，早知道就不答应姐姐了，胆小鬼就胆小鬼嘛。

海盗船缓缓地停了下来，人们从上面走下来。轮到我们了，我的心都快跳出来了，双腿发抖。表姐看见我害怕的样子，在一旁偷笑。我和表姐上了海盗船，坐上位子，系好安全带，心里踏实多了。海盗船缓缓地移动起来，我双手紧紧地抓着座椅，生怕掉下去，心似乎就要蹦出来了。海盗船刚开始摆动的幅度很小，渐渐地，急速上升，很快升到了半空中，我顿时感到有一股强而有劲的旋风正疯狂地向我刮来，我吓得把眼睛闭上，冷汗直流。以前听同学们说海盗船恐怖，我不以为然，现在自己坐了，才知道真的是这么恐怖！怕有什么用呀，我暗地里给自己加油："不要怕！不就是个海盗船吗？"于是我慢慢地睁开双眼，看到下面小如蚕蚁的景物，房子就像火柴盒一般大，我心想："这么高，万一我现在掉下去，是会粉身碎骨的呀！"我极力让自己镇定下来，海盗船上那么多人，掉下去的也不一定是我呀。

船逐渐下降，我有点喘不上气，身体感觉往下沉了一下，只听见风在耳边呼呼地叫。我有点不害怕了，提起的心也落下了一半。

206. 战胜考试恐惧

我不喜欢考试，但又不得不考。考完后不但没有轻松，心里还七上八下的，担心考得好不好。对于那些不想考试的人，考试就是噩梦的代名词。可是，对于有些人，他们并不觉得可怕。他们自信，早有准备，这才是考试前好的表现。考试其实不可怕，只是你的心里在作祟。你只要战胜自己的心，勇敢、自信的面对，才会有好的收获。正所谓"一分耕耘，一分收获"。

207. 雨中的舞蹈

南希·李简直是跳着舞回家的。她压根儿记不起她是怎样在雨中回到家里的。她希望自己没有失去仪态。可是她当然没在雨中停下来把她的秘密告诉任何人。雨珠、笑容和泪水在她棕色的脸颊上混成一片。她希望她母亲还没回家，屋子里没有人。她要在见她父母之前，先觑个空让自己镇静一下，使自己神态自若。她不愿使自己显得兴奋异常—因为她心里有个秘密。

208. 老师的夸奖

哈，这可好了，这可好了！我在地上打了一个滚。我多快活呀！又打了一个滚。我真恨不得跑回去告诉奶奶，告诉妈妈和爸爸，说我得到了幸福，什么事都有了办法。我也真恨不得跑去告诉我的同学们，告诉我们辅导员和班主任，说我将来要干什么就可以干什么，准有成就，不是当英雄就是当模范。这可一点也不是夸大，也不是吹牛。

209. 乡间的小路

他一路唱着小曲子，高兴得很。像这样香甜的干草味儿，像这样好走的路，他觉得活了四五十岁还不曾遇见过。河水越过小小的石头往前冲，在他看来好像一群小狗在前面跳着引路，那沙沙的水声听起来也特别快活。他越走越觉得奇怪，这些山呀水呀都不是他看惯了的那些东西，却变成新的、很有趣味的，他一次也没有碰到过的东西了。

210. 一百分的奖励

嘿！真棒。这回我又得了一百分。不，还是全年级第一名呢，妈妈、爸爸听了准会高兴。妈妈平时总是那么严肃，脸拉得长长的，没有一丝笑容。这次准得笑得合不拢嘴。爸爸嘛，就更不用说了，平时就和我们说说笑笑，这次肯定会用巧克力、糖豆来奖励我。想着，想着，我的脸上不禁流露出得意的笑容。

211. 温暖的话

听着张老师所说的每一字、每一句，我浑身感到暖烘烘的，仿佛有一股暖流涌遍全身。张老师啊！您真像辛勤的园丁爱护幼苗一样，关心着我的健康成长；像母亲疼爱自己的儿女一样，把我的病情记挂在心上。想到这里，我的眼睛湿润了。

212. 心里的笑

我的心在笑。我仿佛脚底生风一样飞快地跑着，急于把这喜讯告诉家人。一路上，我仿佛觉得路上的行人在向我笑，警察在向我笑。那歌唱的小鸟，盛开的鲜花，蓝天白云都在向我笑！我拿着这录取通知书，愉快的向家里走去。

213. 遥望黄河水

我望着滔滔的黄河水，心中油然生起一种激情："黄河啊，曾几何时，我知道了你是中华民族的摇篮；曾几何时，我就渴望着目睹你的英姿。"

214. 我的奖品

老师把我叫到前面，拍着我的肩膀对同学们说："这次考试，大家的成绩都不错，尤其是陈燕洁同学是全年级唯一得双百的同学，为我们班争了光，我们给她发奖好不好？"同学们争先恐后地说："好！好！"接着老师把一支铅笔和一块橡皮递给了我，我双手接过奖品向老师和同学敬了一个队礼。奖品虽小，可它代表了老师和同学对我的鼓励。此时，我激动得连一句话也说不出来，心里真是比吃了蜜还甜，比妈妈给我买一个奶油蛋糕还高兴。

终于盼到了中午放学，我飞快地向家跑去，好让妈妈早知道这个消息，让她和我一起分享快乐。

215. 人们的鼓励

看到人们惊喜的目光，听到人们鼓励的赞语，我的心里生平第一次涌起了浪涛。这浪涛仿佛化成了轻纱般的雾，把我包围了起来，使我恍恍惚惚地感到，我的身体正在这梦一般的雾中升腾。

216. 储藏柜里的宝贝

对我储藏柜里的"宝贝"，我常常担心它们会遭到洗劫的命运。破烂嘛，大人们总觉得垃圾堆才是它们最好的安身之地。一次，我急着要它们，可是找遍了柜子也没看见。难道它们都长了腿、生了翅？我心急如焚，只好硬着头皮去问妈妈："妈妈，你看见我的东西没有？"妈妈看了我一眼，转过头去，说："看见了，我把它们扔掉了。"听了她的话，我又心痛又着急，心里埋怨妈妈不该扔掉它们，但又不敢说出口，眼里不由涌出了泪水。妈妈见我那样伤心，忙笑着说："什么东西这么宝贵？眼泪都流出来了，在纸盒里装着哩。"我马上笑逐颜开去找来纸盒。啊！宝贝一样没少，它们全都安然地躺在里面。欢乐涌上我的心头，可我脸上还挂着泪水呀！我不好意思地将它们擦去了。

217. 三好学生

清晨，我背上书包兴高采烈地向学校走去。一路上，阳光灿烂，松柏苍翠，小鸟在树上叫个不停。我蹦蹦跳跳地走着，一会儿闻鲜花，一会儿摸树叶。要知道这次大考，我的语文、外语、数学平均分数在96分以上，"三好"学生，当然是我喽！我想着想着，笑了。

218. 期末的告别

发成绩册那天，阿眯得了张"三好"学生奖状，心里美得像吃了顿大闸蟹—他还记得五年前吃的那顿蟹，甜津津，鲜美无比。现在，他轻松地向校园里的小树告别：再见了，下学期的每天早晨再来陪伴你们！

219. 一等奖得主

"一等奖，刘扬……"当时，我真不敢相信自己的耳朵，几百双眼睛都不约而同地望着我。我心中如吃蜜般甜，漾出了一丝"胜利"的喜悦。"请获奖同学上台领奖！""刘扬，快上去，别不好意思了。"同学的喊声把我送到了台上。此时，我心里有一种难以诉说的感情，是高兴，是激动，还是害羞？可能都有。

220. 逛公园

吃过早饭，爸爸带我去颐和园。这是我第一次去颐和园，心里甭提有多高兴啦！一路上，我只觉得天空是那样的蓝，那样的辽阔，空气是那样的清新，大地是那样的宽广，高楼是那么的雄伟，就连太阳公公发出的万道金光，我也觉得格外灿烂。我们乘着汽车在公路上飞奔，可我还觉得它驶得太慢太慢，我恨不得插上一对翅膀一下子飞到颐和园。

221. 漂亮的新鞋

我一眼就认出是鞋盒，高兴的跑过去，打开纸盒。好漂亮的新鞋，红鞋面儿，粉鞋底儿，鞋面上还有一道道金色的条纹，一看就让人喜欢。

我喜欢滋滋地爬上床，小心翼翼地穿上新鞋，新鞋既轻又软，穿着真舒服。我站在床上，左看看，右看看，越看越觉得好看，我得意地在床上走来走去，嘴里还哼着流行歌曲。

222. 妈妈的背影

望着妈妈远去的背影，我心中不由想到："妈妈呀，您对工作勤勤恳恳，对我是这样关心，您是我的好妈妈，我打心眼里喜欢您！"

223. 作家妈妈

姥姥常说我是好孩子，不拖妈妈的后腿。可是我一直在想，妈妈不是作家就好了，就可以像别的妈妈那样经常在家了。妈妈说，等我长大了能看懂她写的书，就会喜欢她这个作家妈妈了。其实呀，我现在就喜欢妈妈。

224. 手里的冰糕

手里的冰糕已经在太阳下化完了，天还像刚才那样热，可我心里却很清爽，似乎有一股甘泉流进我的心田。多么讨人喜欢的孩子啊！

225. 记忆中的红菱

后来，我再也没有见到那个小姑娘，可她那充满善意的目光却一直留在我的记忆深处。啊，多么鲜嫩、清凉的红菱哟……

226. 故乡的景色

我曾迷醉于故乡的春天，那是童年的绿色的梦，是片片秧田里新插的秧苗娇嫩的绿色。但是春天使人心醉，还在更早的时间，是正月雪霁后的早晨，我偶然发现，后门外桑树上紫绿色的嫩芽。我的心莫名其妙地欢喜的颤动起来了。从此我就喜欢注意桃树上花朵的蓓蕾，路边野草尖利扎手的嫩芽。每一次我都要为之心动。故乡，你就是这样，有情无情地感染了我这个人，跟我产生了难以割舍的深情。

227. 屋子里的叫声

它们的叫声其实不好听，不知道我们之间有了感情还是因为别的原因，我却很喜欢听它们那种叽叽喳喳。说起来也怪，夜深人静的时候它们不叫，屋子里没人说话的时候它们不叫。每当人们大声聊天或是扭响录音机、打开电视机的时侯，它们便会叽叽喳喳地给人们"伴奏"。特别使我感到奇怪的是，每当我回家走到家门的时候，屋子里总是静悄悄的没有一点声息，可打开那扇屋门，屋子里便立刻传来一阵阵热闹的叫声，像是在演奏一支"迎宾曲"。

228. 劳动者的心情

勤劳的庄稼人、园艺工作者，在种子身上寄托了自己的希望，对它们怀着深切的感情。要求解放，要求翻身的人民大众，同样把自己的希望寄托在革命的种子上，这种心情，就像人类最初从钻木头得到火种一样，该是多么喜悦啊！可以想见，那时节，人们一定是把保存实力火种当作一项最崇高的职责。

229. 紧张

天气突然变得热起来，不到5月的天气竟然这么热。我的脸开始莫名其妙地发烧，心突突地跳到喉咙口，似乎一不小心就会蹦出来。握着钢笔的手格外不听使唤，甚至神精质的发抖，字写得歪歪扭扭，像无数黑色的小蚯蚓在爬。老师在教室的桌椅间巡回几趟，可他竟然没有发现我……来不及庆幸，我心中只有恐惧和一个念头：快写，快写！只剩最后两分钟了。

"叮铃……"交卷铃声一响，我准时搁下了笔，教室又开始出现一阵骚动，是最后一批交卷的同学。我突然觉得两腿发软，连走到讲台前的力气也没有了，又突然觉得老师、同学都在盯着我，甚至觉得有人在背后戳我的脊梁骨，我的行动似乎已赤裸裸地暴露在人们的眼皮底下，我真想找个洞钻进去。

230. 学校的春游

不一会儿，大部分同学已经登上了老丘墓。看，河那边鲜红的队旗迎风招展；听，一阵阵银铃般的笑声传来。我的心里直痒痒。"我要是有孙悟空腾云驾雾的本事多好！"我想着，急得在岸边团团转，想鼓起勇气找个最浅的地方趟水过河。可是，脚一放到泥水里时，粘糊糊的，滑溜溜的，沙子、石子直往脚趾缝里钻，两条腿刚一挪动就抖了起来。我瞧瞧四周，没有几个人了，心里更加焦急了。

231. 寻人

奶奶发急了，小毛毛的妈妈也发急了。她们叫我赶快到西湖边去找。我也发急了。我不等奶奶嘱咐我的话说完，拔脚就朝西湖跑。可是这么大的西湖，到哪儿去找他们好呢？我一边跑，一边瞧，一边喊。跑到湖滨公园，喉咙也快叫哑了。这时候，天偏偏又下起雨来了。

开始是毛毛雨，不一会越下越大。等我跑遍了整个湖滨公园，身上的衣服全湿透了。我对着白茫茫的西湖叫了几声，一些打雨伞、穿雨衣的行人都奇怪地望望我，可是没有人告诉我妹妹在哪儿。

232. 第一次坐飞机

我们走进机舱，坐在座位上，大家的脸上都显露出兴奋与紧张。不一会儿，飞机开始缓慢地向前驶去，越来越快，我的心也随着跳到了嗓子眼儿，紧张的连气也喘不过来。突然，我只觉得身子向上一提，还没弄清怎么回事儿，飞机已经带着我们离开地面升上天空。

233. 写日记

中午，妈妈逼着我写一篇日记，还说写不好就别吃午饭。这下急得我像热锅上的蚂蚁，心想：不吃午饭多难受，我还从来没有不让吃饭饿肚子的时候呢！

236. 球技

快轮到我了，我的心跳得很厉害，因为我顶球技术不高，给女队追上了多不好意思！轮到我，我接过了球，一定要镇定自己。我一拿到球就把球放在头顶，快步向前走去，可还没走出三步，球就滚了下来，我只觉得脸发烫，真希望出现一个地洞让我钻进去。但没办法，只得重新拿起球放在头上，可球就像一个调皮鬼似的，又从我的头上滑下来了，眼看着女队快追上来了，我的心急得都快跳出来了，俗话说："急在眉梢，办法自有！"这句话果然不错，当我看到女队快追上时，急得捶了一下实心球，实心球一下被捶扁了，我一看急中生智，何不顶着扁实心球走呢！想到这里，我把球又捶了几下，放上头顶，快步向前走去，又和女队拉开了好一段距离。啊！一帆风顺，不一会儿便到了终点，我悬着的心总算放了下来。

235. 害怕打针的我

该我打针了，我的心一紧，脊梁上顿时冒出冷汗。我怯生生地走到医生面前，慢慢地把胳膊伸给了医生，赶紧把头扭向一边，咬紧牙关，闭上双眼。猛地感觉到胳膊上端一片凉，是医生在擦酒精棉球。我知道医生马上要给我打针了，只觉得全身每根神经都绷得很紧。紧张中我觉得针头离我的肉愈来愈近。忽然，我猛地觉得像有一根冰梭插进了我的肌肉，接着它在融化、扩散。我正在仔细体味打针的滋味，不知什么时候医生已经把针拔出来了。这时我看了看胳膊，扎针处只留下了一个小点儿。

236. 风琴比赛

　　比赛终于开始了，轮到我上台时，心跳得可厉害啦。当我坐在风琴前面开始弹琴时，评比组的田老师站在我侧面，两眼盯着我的手。顿时，我全身热乎乎的，差点把键盘按错了。弹完后田老师摸着我的头，投来赞许的目光，这时，我才松了一口气。

237. 下雨天

　　我焦急地仰望天空，乌云滚滚，一层叠一层，这一片云涌过去，那一片云又翻过来。雨猛得就像老天爷拧开了无数的自来水龙头。一道道雨幕使我不敢迈出走廊半步。唉，爸爸妈妈都不接我，背着书包的我怎么也走不出校门。

238. 主席台上的我

　　大会开始了。我登上主席台，既紧张又高兴。一看，台下是一片黑乎乎的人头，到处是哄哄的说话声，我只觉得脸上火辣辣地直发烧，心里就像是揣了一只小兔子似的"怦怦"乱跳。不知为什么，面对扩音器，我的嘴唇发抖了，连一句话也说不出来……

239. 试卷上的分

　　"发卷啦，发卷啦。"同学们边喊叫边走进教室，端端正正地坐在自己的位置上，一双双眼睛紧紧地盯着老师手里的卷子。当时，我的心情紧张极了，害怕不能得爸爸、妈妈满意的分数。

240. 焦急的考试

　　我想看看周围同学的卷子，可又不好意思。于是，我便用颤抖的双手慢慢地打开了数学书，想找一道类似的例题，可是怎么也翻不到，我犹如热锅上的蚂蚁，心急如焚！豆大的汗珠从额头上流下。我又看了看表，只有 1 分钟了！我使劲翻着书，可还是翻不到。这时，"丁铃"考试的时间到了，我同人流一起走到老师的办公桌去交卷。考试结束了，我想：这次是得不了满分了。

241. 考场上的铃声

　　谁知，越做越糊涂，底下的题，只做出了 3 道，还有 2 道没做，再过一会儿，就要交卷了。我急得像一只热锅上的蚂蚁，不知所措。拿着笔，在纸上画着……大约过了 10 分钟，耳边响起了清脆的铃声。"交卷了，交卷了！"马老师催促道。完了，这回可考砸了。我拿起卷子，不得已地交给了马老师。

242. 考试的压力

　　早晨，我一上学，心里的压力就更大了。要是考不好，就全完了。

我越想越害怕，越想越紧张。铃响了，开始考试了，我的心一直咚、咚、咚地跳，好像有一只小兔在心里跳来跳去，可恨极了。

243. 遭遇小偷

啊！我明白了。我想喊可是又不敢喊，我担心旁边有小偷的同伙。我急得直出汗，怎么办呢？忽然，我急中生智，想出一个既不会被小偷发现，又不会让小偷的阴谋得逞的两全其美的好办法。

244. 回家晚了

路灯亮了，我的心咯噔一下：糟了，这回又晚了。我慌慌张张向家里跑去。一路上，爸爸黑边眼镜后面那双严厉的眼睛，不时出现在我眼前。我忐忑不安，心里七上八下的，像揣着一只小兔子似的。我匆匆地一路的跑，心里不住地埋怨自己："前几天爸爸刚说过，放学要直接回家，不要到别处去玩。可是我刚刚坚持了几天，就又给忘了。这回爸爸一定会特别生气，说不定还要揍我呢！"这时，我放慢了脚步，心想怎么办？现在只有一条路，那就是向爸爸承认错误，请他原谅。想到这儿，我就又加快了速度，飞快地向家里跑去。

245. 寻找尺子

"丁铃—"预备铃响了，离考试只有五分钟了。我打开书包，拿出笔盒、草稿纸，咦！我的尺呢？我呆住了。于是，我又翻了几遍书包、笔盒，也不见尺的影。我不禁暗暗责备自己太粗心。尺，尺！考试中一定会有画图题，我不禁又想起了那张布告。这可怎么办呀？我可真是觉得百抓挠心。再看周围同学早已做好了准备，我更是急上加急，六神无主了。

246. 参赛现场

　　教室里静悄悄的，只有几十只参赛的笔，隐约发出"沙沙"声。这声音使我一颗悬着的心更加忐忑不安。时间如流水，一分钟、两分钟、三分钟……我偷偷地瞟了一眼坐在我左前侧闻名全校的"作家脑袋"曾永红，他正在埋头疾书。我急得像热锅上的蚂蚁。眼下虽然已是11月初冬天气，但是额头上竟然渗出了汗。

247. "灾难"的来临

　　男同学就像灾难来临似的，有的抱着头钻到桌子底下，有的用书挡着脸，有的戴着帽子，把帽檐压得低低的……我也尽量把头压得很低，没想到班主任还是点了我的名。男同学听了，如释重负，兴高采烈地和班主任、女同学一齐"围攻"我。我一时不知所措，急得直跺脚，任凭我怎么拒绝也无济于事。

248. 奔跑着前进

　　他的心一下子"怦怦"地猛跳起来，额上沁出冷汗，他加快脚步，越跑越快，渐渐地飞跑起来。一边跑心里一边说："我不怕！我不怕！我……"大滴大滴的汗水洒落在路上。他好容易跑到了家，猛地拉开门，闯了进去，又使劲关上，靠在门上，大口大口地喘着气。

249. 我的课本

当老师把书发到我手中的时候，我高兴地跳了起来。等我安静下来，仔细一看，心里凉了半截儿。我最喜欢的语文课本上有两道深深的压痕。这两道可恶的压痕，使平整、崭新的书，变成了腆肚扁腰的"跷跷板"。我看着这个"跷跷板"，瞅了瞅同桌那位的语文书，嗬！人家的书，清晰的图画，平整的封面，和我的书相比，真有天地之别。唉，真倒霉！这本令人讨厌的书，怎么偏偏发到我的手中。

"丁铃铃……"下课了，同学们涌出教室，只有我一个人呆呆地坐在位子上。忽然，一个念头在脑海里闪过——换书！反正同桌的那本书也没写名。我向四周看了看，一个人也没有，于是我就用颤抖的手迅速地把书换了过来，急忙拿出钢笔，慌慌张张地写上自己的名字，然后，就大模大样地走出教室，但我的心里像揣着一窝小兔子一样，惴惴不安。

250. 荡秋千

开始她轻轻地推，我坐着却像睡在摇篮里一样。后来，妈妈越推越重，我也随着秋千高高地荡着。我生怕自己摔下去，紧紧地把铁链抓住，喊道："妈妈，我要下来！"可是妈妈不听，仍旧使劲儿地推着。唉，这可真吓人呀！我的心"怦怦"直跳，简直要从喉咙里跳出来了。我非常害怕，把眼睛闭得很紧，生怕看见自己摔下去。这时，妈妈使劲儿向上一推，我一下子荡向高空，吓得我差一点儿叫起来。我使劲儿抓紧铁链，随着秋千荡来荡去。

251．山里的夜

山夜，没有明月，我开始感到山风的萧瑟。偶然望见棚外乌黑乌黑的老树干，它正挺直着腰身插入黑暗的天空，阴森森的。我听到乌鸦或猫头鹰使劲地朝我哭叫，哭得好伤心好伤心呀！我想起了村东大板给我讲的那些鬼魂的故事。

252．铁轨上的灯光

铁轨交错的地方，燃着很多颗蓝色的灯光。地层表面弥漫着一层淡淡的烟雾。灯火仿佛漂浮在浩瀚无际的海洋里，又像许多蓝色眼睛从隐约的纱帐里瞪出来。这些使银环感到可怕，似乎自己置身在漂流的海洋中，既有沉沦的可能，又有被魔鬼捕捉的危险。

253．手榴弹

当我把一枚实弹交给杜欣欣的时候，我发现她的手抖动得厉害。我一面给她壮着胆子，一面替她把手榴弹的尾盖拧开，勾出圆形环，套在杜欣欣纤细的小手指上。

"站长，不会把手榴弹拉回来吧？"杜欣欣不放心地问，就连声音也变了样，只用三个指头小心翼翼地捏着弹柄，小指和无名指颤巍巍的一直不敢握紧。

254．书店的小偷

他拿着8角钱和《水獭的秘密》那本书一起递了过去，又趁叔叔收钱之机，悄悄地把《孤儿与金草鞋》塞进衣兜里。虽然很顺利，但他从没干过这种勾当，事后心里"咚、咚、咚"乱跳。别人知道了会说什么呢？这是闹着玩的吗？是犯罪呀！他一路忐忑不安地想着。那《孤儿与金草鞋》似乎也开了口："你不付钱就把我拿走，'章妈妈'还没吻过我呢！"他更加害怕了，把书拿回去吧，准得被卖书的叔叔臭骂一顿。这真是骑虎难下啊！此刻，他仿佛觉得有人在指着他的后背说："小偷，他是小偷！""真不要脸，偷别人的书，还是什么少先队员呢！"耳边那一声声"小偷"像一枚枚钢针扎在他心上。

255. 桥上的我

我登上桥头向下一看，这桥真高啊！底下的人看去好像都变得矮小了。不得了，要是不小心摔下去，还不摔坏。我又是第一次走这玩艺儿，还不知道它的脾气。走还是不走呢？我直犯嘀咕，过吧，真有点害怕；不过吧，后面有许多年龄比我小的小朋友看着我呢，多难为情呀。于是，我默默地念叨着：眼睛向前看，别往下看。谁知眼睛却不由自主地偏向下看，刚迈出几步就觉得天旋地转，脚下好像出现了一条奔腾咆哮的大河，它向我怒吼着。每往前一步，铁索就会左右摇晃个不停，还哗哗地直响。我走在上面就像在荡秋千一样。我只觉得两条腿发软，心好像提到了嗓子眼儿，身体一下子失去了平衡，我一下子坐到了铁索桥上，两手紧紧地抓住铁索，心里咚咚直在打鼓。

256. 桌脚上的花瓶

正当我擦酒柜的桌角时，胳膊往后一伸，不小心把放在桌边的花瓶碰到了地上，摔了个粉碎。这下我可害怕了。这个花瓶很漂亮，是花了很多钱才买来的，姥姥特别珍惜。可谁知就让我这一下给打碎了，好事也变成了坏事。这可怎么办啊？我越想越不安，越想越害怕。我赶紧跑到小屋，打开电视看了起来。表面上我装得挺高兴，其实心都提到嗓子眼儿了。这时，姥姥推门进来了。我头上直冒冷汗，根本就没心思看电视，心都飞到大屋去了。

257. 释放的人

当和那个被押者走拢的时候，杨子荣突然认出了这个被押者，他大吃一惊，不禁怔住了，僵僵地站在那里。"小炉匠，栾警尉！"他差一点喊出来，全身紧张得像块石头。他的心沉坠得像灌满了冷铅。"怎么办？这个匪徒认出了我，那一切全完了。而且他也必然毫不费事地就能认出我。这个匪徒他是怎么来的呢？是越狱了吗？还是被宽大释放了？他又来干什么呢？"

258. 第一次"做贼"

回家以后，准有一场"暴风雨"等着我。我能不愁吗？忽然，我想起来了，班里的齐广涛有一只"老玉米"，跟我的一模一样，何不来一个"偷梁换柱"呢！反正这里只有我和刘威。他是我的好朋友不会揭发的。说干就干。我便拿起自己的钢笔，轻轻地走到齐广涛桌旁，然后坐在他的椅子上，双手打开了文具盒。刘威看见了，问我："徐广宇，你干什么呢？"我的心猛地一抖，立即忐忑不安，这时我才品尝到做贼心虚的滋味，但我又一想，刘威毕竟是我的好朋友，怕什么？便说："我想看看他的文具盒。"话虽这么说，可是我的头却低下了，声音也流露出了惊慌，他感到奇怪，立刻追问了两句，我干脆一不做二不休，索性全说了。

259. 发疯的汽车

汽车发疯似地向前飞跑。吴老太爷向前看。天哪！几百个亮着灯光的窗洞像几百只怪眼睛，高耸碧霄的摩天建筑排山倒海般地扑到吴老太爷眼前，忽地又没有了；光秃秃的平地拔立的路灯杆，无穷无尽地，一杆接一杆地，向吴老太爷脸前打来，忽地又没有了；长蛇阵似的一串怪黑物，头上都有一对大眼睛放射了叫人目眩的强光，啵——啵——地吼着，闪电似地冲将过来，对准着吴老太爷坐的小箱子冲将过去！近了！近了！吴老太爷闭了眼睛，全身都抖了。

260. 海娃的口袋

海娃把手伸进口袋一摸，不觉浑身打起哆嗦来。鸡毛信呢？口袋里没有，赶紧脱下小褂子来找，也没有，把身边的石头找遍了，还是没有。海娃吓得嘴唇发青了，简直和害了伤寒病一样，站都站不稳了。海娃马上往回跑，一口气跑到刚才摇晃褂子的地主，鸡毛信好好地躺在那儿。

261. 一角钱

我松了一口气，拔腿就走。可没走几步，那个女孩就叫住了我，我那放下的心又悬了起来。糟糕！她准是发现了那半张一角钱，找我算账来了！在大庭广众之下出丑，这可是一件不光彩的事。我不由暗暗埋怨自己，不该做那种缺德的事。这时的我，真想找一个地洞，钻进去，出乎我的意料，她很有礼貌地对我说：“对不起，刚才我算错了，你多给我一角钱。”说完，她特地从口袋里拿出一张新的一角钱塞在我的手里。这时，我的心里好像打翻了五味瓶，酸、甜、苦、辣、涩，什么滋味都有。

262. 算盘的声音

母亲是一名普通的会计，成年累月伴着单调的算盘声，填写着一摞摞乏味的账本。我们从没有看重过母亲的职业，但她那种执著认真的精神又常令我汗颜。从我记事起，就觉得母亲总是忙工作，那年月，运动多，学习多，会议多，下乡多，劳动多……而过度的紧张，不仅仅来自工作，更在于那风云突变随时降临的运动。我依稀记得每当父亲被揪去批斗游街的时候，母亲是怎样地担惊受怕，坐立不安，多少年过去后，母亲只要一听敲锣打鼓就心跳腿软。

263. 清朗的夜色

明月初升，夜色清朗。傍山小径，浓重的阴影，刀也割不开，针也刺不透。我走着，仿佛潜游在阴森的海底，而山上人家那些疏落的灯光，就像海底的磷光。没有风声，也没有虫鸣，深山中极度的幽静，使人感到恐惧。

264. 撞车

我想刹车已经来不及了，车头一下子重重地撞在人家的后车轮上，我也从车上滑下来，摔在地上。我摔得不重，可前面的那个人摔得不轻。我害怕极了，心想，他会对我怎么样呢？肯定会对我发火的，说不定……想到这里，我吓得低下了头，泪水不知不觉地流了下来。

265．不详的预感

一进屋，一种不详的预感笼罩了我的心头。我第一眼看到的就是躺在床上的消瘦的妈妈，她脸色苍白，毫无表情，我一阵心惊肉跳，惶恐不安。

266．不安的心

我忐忑不安地呆在家里，心里好像有十五个吊桶打水—七上八下的。想着老师会用鄙视的口气谈论着我，想着妈妈陪着笑脸代我受训，我觉得天地都昏暗了。

267．他和老师谈话

这时候，陈步高却早已感觉到了，嘴里勉强和老师谈着，心里却怦怦地跳着，更不敢抬起头来看看金老师。他一面要一应付金老师的谈话，一面又要在肚里打主意，所以急得头上冒汗，脸涨得通红通红。顿时，我心慌意乱，以前看到过的，听到过的关于鬼的故事一起涌进了脑海。我的心紧缩着，大气不敢出，只觉得手软，腿软。

268．数学测验

那一天，我刚刚到校不久，"丁铃铃……"第一节课铃声响了，我刚在座位上坐稳，就见老师怀里捧着一叠卷子走进教室。我忽然想起：糟了，今天要测验数学了。顿时我的心里像十五个吊桶打水——七上八下的，久久不能平静。要知道，昨天晚上姥姥抱着一岁半的小表妹来我家，我当时只顾逗表妹玩儿，根本就没好好做作业，更不用说温习一下数学了。我早把今天要测验数学忘到了后脑勺，压根就没有翻一下数学书。唉，听天由命吧！我心里的小鼓不断地敲着。这时只见老师已经开始发卷子了，我的心更紧张了。

269. 紧闭的门窗

爸妈刚走，我的心立刻就虚了。我把门窗都关得紧的，窗帘拉得一点儿缝也没有，这才回到桌前写作业。我写几个字就四面看一看，总觉得墙壁上好像长出许多眼睛似的。

270. 家里的节奏

就在这时，我忽然听到有叭嗒叭嗒的声音，声音就在身旁，那么有节奏。我不由地想起了许多许多鬼的故事，鬼可是能从门缝里、水管子里钻出来的呀！难道鬼钻到我们家里来了吗？鬼……鬼……我害怕极了，心里像有面鼓在敲，我咬着牙鼓励自己，别怕，别怕，我不是杨大胆吗？

271. 撞人之后

可渐渐地，我又害怕起来。"如果老奶奶真出了事，一旦查起来，'作案'后又逃之夭夭，这责任可不轻啊！"我越想越担心，回去看看吧，如果没什么事我就走，反正那位老奶奶也没看清我的脸！我又掉转车头，向刚才撞倒老奶奶的地方骑去。

272. 海上的危机

我生怕舵板滑掉，心突突地跳，手心里都出了汗。远处水面上露出一块又黑又大的礁石，像个水怪似的，我的心又紧绷起来了。

273. 桌子下的手工

那天，在课堂上，我钻到桌下玩自己做的小手工，惹得同学们哄堂大笑。这时，我从桌下一抬眼，看到了板着面孔的王老师，她用责备的眼光看着我。我心里一惊，糟了，马上又得"服从命令"——立正、靠边站……因为爸爸就是经常这样管教我的。可是，王老师没有这样做，她让大家安静，继续上课。但我想：这事不会轻易完的，过后老师还得找我算账。

274. 停电的房间

好不容易才把作业做完，突然停电了，外面一片漆黑。这可把我吓坏了。我坐在那里缩成一团，仿佛四面八方都有袭击者，又仿佛有无数双奇怪的眼睛在盯着我。我想摸索着去找火柴，可又不敢。不去找吧，这样等下去更可怕。太难熬了！我壮着胆子来到外屋，摸到火柴，点燃了蜡烛。黑暗的屋子里亮了许多，这下我的胆子大了点儿。干什么呢？用读书来排除心中的恐惧吧。对，就这样做。我坐上床，轻声地朗读起课文来，但书中内容怎么也装不进脑子，老是在想："爸爸啊，妈妈啊，你们快点儿回来吧！"

275. 阴森的峡谷

峡谷阴森森，石青的花斑蛇在浓雾遮着的深草里蜕皮，发出沙沙声。鸡冠蛇从石缝中探出头，咯咯地唱歌。大头细身的黑蜻蜓在成群结队地飞翔。林子深处传来巫鸟带哭音的叹息……这是几乎无人踏入的峡谷，尽管她的胆量与男人相比毫不逊色，但如果不是因为记挂丈夫而忧心如焚，她会马上退出这个可怕的地方。

276. 站在跳台上

我站在跳台上，向台下一看，只见下面水花飞溅。我好像是一个巨人，周围的建筑物都变得矮小了，像被我踩在脚下似的。我想："这么高的跳台，跳下去会不会淹死呢？"想到这里，我心里不由得打了一个寒颤。刚才那股高兴劲儿，早就飞到九霄云外去了。

277. 心里的想念

演出开始了，一个个节目真精彩，我旁边那位笑得像个弥勒佛。可我只是勉强地跟着笑，这时她们唱起《咪咪流浪记》这首歌，啊！我心里缺的不正是妈妈的爱吗！

278. 思念

我无心再看节目，独自走到院子里，妈妈到外国去已经一年半了，我常常对着妈妈的相片发呆，脑子里回响着妈妈临走时的叮嘱："要好好学习。"每次看见小朋友和妈妈在一起时，心中很不是滋味，有一天晚上，我梦见我放学回家，看见妈妈在饭桌上吃饭，我忘乎所以地向她扑去。"啪!"我的脑袋上挨了一下。我迷迷糊糊地睁开眼，唉，原来是搂住了爸爸。

279. 想念爷爷

每当夕阳给公园披上一层金纱的时候，我就来到这个公园，可惜在这宁静的公园里，在这红绿相间的花丛中，再也看不见爷爷那熟悉的身影了。最近，他因病去世了。每当我想起这些，平静的心田便泛起了波澜……

280. 我的呼唤

每逢元宵节的晚上，不但自家不放烟花，连别家的孩子跟大人一起放烟花的情景，我都不敢看一眼。我常常面对天空流泪。"爸爸啊，爸爸! 您在哪里，您在哪里呀! 您知道女儿此时此刻的痛苦心情吗? 您可听见女儿的呼唤声?"

人们说："妈妈是月亮，爸爸是太阳。"我这样一个失去父爱的家，就像一个没有太阳的王国。啊! 我多么渴望有个和睦团圆的家庭啊!"爸爸，您啥时候才能回来? 我心中的太阳，何时才能升起呀!"

281. 破裂的照片

我从书包的夹层里拿出用胶水粘上的爸爸妈妈的合影，不知什么时候流出来的两行眼泪滴在照片上。"妈妈，你回来吧! 我白天想念你，半夜也梦见你，我不能没有你呀!"这是我对妈妈的呼唤，也是失去母亲的所有孩子对妈妈的呼唤。

282. 外婆的爱

童年生活结束了，许多往事如同过眼烟云在记忆的深处渐渐淡漠了。惟独那天早晨的事，我没有忘记，我永远也忘不了外婆对我的爱。

真的，只要一想起外婆。我的泪水就会盈满眼眶——这泪水中充满着我对外婆的爱！

283. 异国的爸爸

望着爸爸的照片，我又深深地思念起那远在日本进修学习的爸爸。爸爸，您在异国它乡生活可好？爸爸，您何时学成归来？爸爸，您听到女儿在呼唤了吗？

284. 想念妈妈

我下了决心，不再想您，不再痛哭。可是我总是控制不住自己，总是想您，每当想您的时候，我又总是忍不住偷偷地哭起来，有时我太想您了，就躲在被子里，盖住头大声地痛哭起来。妈妈，没有您，我多痛苦啊！

285. 父女之情

哎，现在满院的香味却使我更伤心难过，洁白的月光更让我觉得孤单冷清，圆圆的月盘更加重了我对父母的思念之情。

286. 我思念的姥爷

每当黄昏时分，绚丽的晚霞常勾起我对姥爷的思念。姥爷啊，姥爷，您永远活在我心中。

287. 我和妈妈的回忆

妈妈，我是多么地想您！我总是在梦中看见您。有一次，我梦见我出去玩，看见了一只神鸟，它让我骑在它的背上，把我带到了我日夜思念的您的身边，我飞快地扑到您那温暖的怀抱里，当时，我好高兴，好高兴啊！我又是哭又是笑，一个劲儿地喊："我又有妈妈啦，我又有妈妈啦！"我吻着您的脸，请求您跟我一块儿回家去，您流着泪，使劲儿地点了几下头。我们又拥抱在一起，我感到我是世界是最幸福的人了！

288. 奶奶的影子

多年来，奶奶的影子时常浮现在我的脑海里，一直鼓舞着我，鞭策着我。我永远也忘不了我可敬的奶奶……

289. 天真的笑脸

随着岁月的流逝，我离开那个偏僻的小山村已经6年了。每当我寂寞的时候，我便想起童年时的二妞，那两只羊角辫，再加上那天真的笑脸便浮现在我的脑海中……

290. 可怜的朋友

那瘦瘦的月牙儿升起来了，我又想起我那可怜的朋友，啊，小月儿，你好孤单啊！

291. 我思念的学校

这学期，妈妈为了让我能进重点中学，给我换了一所小学。在那所学校里，老师是陌生的，同学也是陌生的。下课时，我一个人走在操场上，心里觉得十分孤独。我常常思念原来学校的老师和同学，我不知道他们这时候在做什么。

292. 一盆花

几年过去了，这盆花依然在我的家里。每当我看见它，这件事就浮现在眼前。啊，忘不了，我永远也忘不了这件事！

293. 奶奶的唠叨

奶奶活着的时候，胡兰不爱听她唠叨，时常想躲开她，如今却是常常思念奶奶。奶奶不能亲手用蒲扇赶走"嗡嗡"的蚊虫了；中秋皎洁的月光下，她永远也不能絮絮地讲述那广寒宫里的嫦娥、桂树下的吴刚和永无休止地捣药的玉兔了……她童年的生活，从此充满了寂寞和苦涩！

294. 童年的二姐

每当我寂寞了，我就想起童年的二姐，她天真的笑脸便浮现在我的脑海中。

295. 内心的焦虑

在她平静的脸色掩盖下，深藏着内心的焦虑。在这次行动中，可能遇到什么事呢？滑竿均匀地闪动着。发出"叽卡、叽卡"的响声，这种单调轻快的声音，无法解除她内心的焦躁与悲痛，要是江姐有了三长两短，怎么对得起党，对得起无数战友和死去的老彭啊！

296. 被扰乱的心

焦躁和烦恼，扰乱了他的心。他不停地辗侧着，睡梦的柔衣，不肯覆盖住他的心境。眼瞳已枯酸得胀痛了，但他还在翻身。

297. 忧愁与痛苦

微风吹拂着她乌线一般的秀发，闪露着一张白嫩、细柔、日本少有的鹅蛋型的脸。深似古潭的大眼睛，晶莹的泪滴像断线的珍珠，一颗颗地滴落着……流过她笔直的鼻颊，流到她微弯的唇角，流进她线条清晰的嘴里，苦涩地落在心中。她微微地蹙蹙眉，仿佛咽下的不是泪水，而是痛苦和哀愁……

298. 空座位

第三天，杏花儿没来上学。

我的心里空落落地，望着她的空座位，充满了惆怅。每当我问到一个难答的题目的时候，就要瞥一眼那个空座位。有时候，我的眼前生出一种幻觉，觉得杏花儿还坐在那里，腰板坐得直直的，一只手背在后面，一只手稳稳当当地举着，好精神哟，我忍不住叫了："杨杏花!"幻影没了，眼前还是个空空的位子，没有人站起来，也没有人回答我。我的心里很不好受。我真恨自己，竟这样无能，还当老师呢，连个好学生都保不住。

299. 学习与游戏

星期天早上，刚吃完饭。妈妈便拿来一叠复习资料，送到我面前："小毅，瞧，妈妈好不容易给你买到了这些复习资料，快做做吧。"唉，妈妈"望子成龙"的心情我理解，可不能连一个休息日也不给我呀! 我苦笑着，无可奈何地接过妈妈手中的复习资料，进屋去读写……我总以为到星期天能放松一下，可是却同样要学习。我叹了口气。放下了手中的笔，习惯地揉了揉眼睛，忽然我听见了一阵银铃般的笑声，向窗外望去，原来是我的同龄人在做游戏。瞧，他们玩得多开心。这时的我，仿佛长了一对翅膀，飞出窗口，飞向他们……"小毅，怎么了，快写呀。"我马上又被妈妈拉回了无情的现实中。真愁人啊!

300. 教室里的叹息声

教室里一片怨尤的叹息声! 不少同学在抓耳挠腮，连我这个一向自恃考试无所畏惧的人，也有几分紧张了。在一边咬笔帽一边屏声息气思索试题时，我偷偷瞥了一眼端坐在讲台正中的老师，只见他一动不动，对个别同学气恼的怨叹也似充耳不闻，苍黑的面容严峻得像一座雕像。不用说，在这种时刻，他是半点不会怜悯我们的。

301. 爸爸的连队

　　除夕下午，我早早地穿上了新衣服，和爸爸一起登上汽车。路上，我美滋滋地想着：那里一定和城市一样，街道宽敞，人来人住，鞭炮齐鸣，热闹非凡……可是，到了连队一下车，我的心一下子凉了一半。那里没有繁华的街市，只有羊肠小道通向一条条峡谷、一座座山峰；那里没有高楼大厦，只有几栋整洁的平房排列在山坡上；那里没有拥拥挤挤的人群，只有一队队解放军叔叔忙忙碌碌，正在准备着过年。看到这些，我才知道爸爸是怕战士们想家，和他们一起过年来了。一时，我心里很不高兴，真有点儿后悔。可是，我又想：既然来了，也没有办法。只好闷闷不乐地跟着爸爸走去。

302. 复习功课

　　有一次，我因为晚上看电视没有好好复习功课，第二天考试有几个解词没写对。此时，我真后悔没好好复习。唉！事已如此，着急又有什么用呢？只有以后认真学习！

303. 我的懊悔

　　我跌跌撞撞地走进屋里，泪水早已模糊了我的视线。朦胧中，我仿佛看见，深夜里，妈妈在昏暗的灯光下煮猪食的情景，仿佛看见妈

妈忙完了地里的活，又上山坡打猪草的情景。从猪仔喂到现在不知花
了妈妈多少心血，却被我这么一下搞糟了。不诚实的代价竟使一头肥
猪死了。看到妈妈伤心的样子，我心里内疚得无法忍受，好像有一块
沉重的石头压在我心上。我决心把这件事告诉她，任凭妈妈打骂，以
此赎我的过错。

304. 抄作业

我的脸上火烧火燎的，心里后悔极了。开学的第一天，我真不该
抄别人的作业啊！爸爸、妈妈望女成"龙"，我偏要往屋里钻，做一
条"泥鳅"。这件事我做得不对，请爸爸、妈妈、老师和同学们原谅，
今后我再也不抄别人的作业了。

305. 试卷

我目不转睛地盯着这张该死的试卷，害怕地想：要是李艳把这件
事告诉了老师，那么……我闭上眼睛，渐渐地又后悔起来，当初我要
是不把考卷给他，那该多好啊！

306. 喉咙里的话

我的心中百感交集，真后悔不该买大衣，不该那样对待妈妈，不
该……总之，千不该万不该都是我不好。我含着眼泪对妈妈说："妈，
你去休息吧，我来做饭。"妈妈抬起头，低声对我说："孩子，妈真高
兴，你变得懂事了。"听到这儿，我的泪水夺眶而出。"妈……"我有
千言万语要对妈妈讲，可喉咙像被什么东西卡住了似的，好半天才吐
出一个字。

307. 沉重的心

一种不满意自己的心情煎熬着我，我惋惜自己的生活，因为它过得这样快，这样没意思；我老是想着，要是从自己的胸膛里把那颗越来越沉重的心挖出来，那该多好。

308. 离家出走

唉，都怨他太犟，没听奶奶的话，非得往家走。这不，天空乌云滚滚而来，霎时天昏地暗，冷不丁的一声炸雷，大雨瓢泼而下。在这前不着村后不着店的马路上，豆大的雨点儿劈头盖脸地砸来，眨眼间他变成了落汤鸡。望着那黑沉沉的的暮色，听着那令人害怕的雷声，走在这空无一人的马路上，他不由得感到一阵恐惧。他多么希望家里有一个人来接他啊，路边的白杨树叶哗哗作响，好像在故意吓他，那黑森森的庄稼地里好像有个张牙舞爪的魔鬼。

他后悔死了，在众目睽睽之下挨批，这可是有生以来破天荒头一遭啊。低着头迈着极慢的步子朝墙边走去。真想哭一通。

309. 丢失的衣服

我想跟别人凑热闹，也让自己开开眼界，于是便到电影院去看电影。一坐便是两小时，感觉很热，便把大衣脱下放在旁边的座位上。散场后，我这个糊涂虫，正要穿衣服时，啊！怎么搞的，我的大衣不见了！一时心慌意乱，泪水竟一滴一滴地掉下来。过了一会儿，人群都走光了，我也只好走了。回家后，妈妈便告诉我们明天要去大舅家，家人都非常高兴，惟有我一个人默默无言。最后我只好把这件事坦白

120

地告诉妈妈。

挨了一顿骂后，还要接受处罚。妈妈罚我新年在家里看家。他们都出去玩儿了。我又是后悔又是惭愧。

310．救人

我多傻呀！要是我立即扑上去，抱住阿秋的腰，而不是急着回头喊岸上的阿婷快去喊人，也许阿秋不会……我一下子变得从未有过的迟钝，竟说不出一句话来。

311．悔恨

我捧着书，望着王爷爷那和蔼的笑容，顿时，想到了那盆花，无限的悔恨之情立刻涌上了心头。我再也忍不住了，一头扑到爷爷的怀里，泪水夺眶而出。我羞愧地将砸花的经过告诉了爷爷，并向爷爷赔礼道歉，承认了错误。

312．悔恨的心

我躺在手术台上，眼望着天花板，多少悔恨涌上了心头，我为什么不听爸爸的劝告，背地里干这冒险的事呢？……一阵钻心的疼痛占据了心头，我用尽自己最大的抑制力，忍受这巨大的痛苦。这不是自作自受吗？谁叫你不听话了！我埋怨着自己。

两颗眼泪流到了脸上。

313. 时间倒转

假如现在还是六点三十分以前……

可是时间再也不会回来！损失了的时间再也没有法子补救！

他愿意向同学们认错，愿意挨同学们的批评，只要同学们还肯和他好，还肯让他参加复习小组，帮助他学习。他以后一定不迟到了。

时间越过越迟。他就更加懊悔，更加和自己生气……

314. 不平凡的人

奥尔迦·伊凡诺芙娜回想她跟他一块儿过的全部生活，从头到尾所有的节目一个也不漏，她这才忽然明白：他真的是一个天下少有的、不平凡的人，拿他跟她认识的任何什么人相比，真要算是伟大的人。她想起去世的父亲以及所有跟他共事的医师怎样看待他，她这才明白：他们都认定他是一个未来的名人。墙啊、天花板啊、灯啊、地板上的地毯啊，好像一齐对她讥讽地眨眼，仿佛要说："错过机会！错过机会！"

315. 吸引人的邮票

这张邮票实在太吸引人了。于是，我起一歹念，乘萍萍不注意，迅速将那张邮票取出来夹进我的集邮簿中。这时，萍萍突然回过头来看我，我被她吓了一大跳，尝到了做贼心虚的味道。这时，萍萍说："丽丽，看看你的吧！""好的，给你。"我把邮票集递给她，她一边看一边说："这张我妈妈也有的"，并把它挑出来。当看那张邮票时，我的心顿时提到了嗓子眼儿，她在陆阿姨的邮集里找了半天也没找到，她连忙跑去喊陆阿姨。我害怕极了，心里像只小鼓在咚咚敲，脚下一点儿力气也没有了。我赶快合上邮集，拖着沉重的脚步，低着头向陆阿姨说了声再见就回家了。

316. 垒球赛场

我站在垒球场上，心想第一名肯定是我。终于轮到我了，我吸了口气，向前跑了几步，猛地一下扔出去，10 米、20 米、25 米……我正为自己掷出这么好的成绩而得意洋洋，裁判老师却说我犯规了。"老师，我……"然而一切辩解都等于零。我满不在乎地想：看我第二次成绩，等着瞧吧！偏偏老天不长眼，这次竟又扔出了界。我心里难受极了。扪心自问为什么这一次我犯了一个不该犯的错误，是盲目乐观，还是过分骄傲？如果有可能的话：我将不惜一切代价来补偿。

317. 我想变成一棵树

我深情地望着这山，望着这水，望着这苍翠的树林，望着这争奇斗艳的花朵，心如潮涌。我多想变成泸沽湖边的一棵树，沐浴着这里的湖光山色；我多想变成一只鸟，用优美、清脆的歌声赞美这片土地上的每一位母亲……

318. 好心情

她忽然觉得自己的心情好转了，仿佛在干燥的沙漠里，看到了一块诱人的绿洲；又似在蒸人的酷暑天，感到了从遥远的海洋上吹来的一股带潮汛的风。

319. 不平静的心

那天晚上，我的心久久不能平静，妈妈的话不时地回荡在我耳边："大雁长大了也要离开自己的妈妈，自由地翱翔于天空，去寻找自己的美好生活，你要向大雁学习呢！"我反复咀嚼着妈妈说的话，多有道理呀！我想了很久很久……我渴望快点长大，翱翔于广阔的天空之中。

320. 高大的妹妹

我望着眼前瘦小但又显得高大的妹妹，心潮像大海一样翻腾：亲爱的妹妹，你快快长大吧，将来用勤劳的双手、聪明的头脑和一颗金子般的心去为盲人服务，去为千百万人治病，尽早实现你那美好的心愿。

321. 爸爸的承诺

我多想坐一次飞机啊！爸爸总说要坐飞机旅游一次，可三年过去了，还是没坐上。我躺在床上，翻来覆去地想……

322. 胸前的红领巾

我们看着胸前的红领巾，望着熊熊燃烧的营火，心中感慨万分。我们今天是祖国的花朵，沐浴着阳光雨露茁壮成长，再过 10 年、20 年，我们将成为医生、工人、解放军、科学家……将成为祖国的栋梁，将为祖国面貌的改变、腾飞，贡献自己的一切。

323. 动人的场面

我目睹了这动人的场面，不禁联想到了：如果我们在生活中遇害到了麻烦事儿，人与人之间都能像那位阿姨和小伙子、老大娘一样互相体凉、互相帮助该多好哇！我盼望着这一天……

324. 妈妈的院子

我在不知不觉中走进了妈妈的院子，叫开了门，一头扑到妈妈怀里，放声大哭起来……这一夜我失眠了，辗转反侧睡不着，心想：我的命真苦啊！不，像我这样命运的人不止我一个，在我们仅有 200 多户的小村子里，就有 20 多户离婚的，我们做儿女的没权利过问爸爸妈妈的事，但我们多么希望爸爸妈妈多为我们想想，我们多么希望得到父母的爱抚，多么希望有个温暖的家啊！

325. 听歌

当我坐在台下听到《我的理想展翅飞》这首歌曲时，句句歌词拨动我的心弦。我兴奋地想：再过十年，我将成为一名优秀的潜艇驾驶员。那时，我登上"探测一号"潜艇驶向海底，五颜六色的鱼群从眼前游过。绕过暗礁，穿过朝霞似的珊瑚林，为祖国探测新的油田，该多好啊！

326. 建设祖国

今天，在上学的路上，我一直想：妈妈，我们学习为的是长大建设好祖国，并不是考不上重点中学就没出路。俗话说"三百六十行，行行出状元，"您自己不也是一个普通劳动者吗？妈妈呀！您也该改变您这种想法了。

327. 自己的小屋

　　我喜欢晚上躺在床上看书。可是跟爸爸妈妈一个寝室，看着他们疲惫的样子，我怎么也不忍心让他们再陪我了。我想，自己也有间小屋该多好呀。房间里布置一张床，一架好大好漂亮的书柜，把我所有的书按类放进去。四周是雪白的墙壁，墙上挂的是自己随意拈来的画。放学走进小屋，跃身上床，拿本书，无人打扰，想看多久就看多久。星期天也可以赖会儿床。朋友来了，把她让到自己屋里，谈天说地，无拘无束。

328. 副班长

　　我是班里的副班长，我的职责就是帮助老师把班级搞好。但是有那么几个同学总用不可捉摸的目光瞅着我，常向我耳边吹来冷言冷语，什么"马屁精"、"溜须将"。这对我一个四年级的小姑娘来说，很难经受得住。每当我受到这样的打击，泪水就情不自禁地充满了眼眶，可一想到大多数同学的信任和老师的鼓励，我就强忍住泪水默默地工作。

　　为什么有些同学不能理解班干部的苦衷呢？我多么希望那些对我有偏见的同学能帮助我，信任我，能够成为我的知心朋友啊！

329. 童年的梦

小鸟飞走了，它牵着一颗颗童心，飞上天空。从此，我便更喜欢看小鸟了，我希望有一天带红绳的小鸟再飞回来，衔回我童年的梦。

330. 我的自卑

我很小的时候，由于不慎，摔坏了右腿。那时我还不懂事，因此我和所有的人一样有一个幸福美好、无忧无虑的童年时代。然而随着年龄的增长，自卑感时时压抑着我，压得我抬不起头来。总觉得自己低人一等，甚至一无是处。我怕别人捉弄我或是讽刺、挖苦我，甚至别人的同情和怜悯，也会引起我的自卑。总之，我对周围的一切都提防着……

331. 心中的希望

他望了好久，心中老是希望：要是有一副真正的望远镜该多好呀！在望之际，他把工作的劳累，心情的烦躁，天气的炎热，统统都忘记了。

332. 我的自负

我曾经那么骄傲，那么自负。如果我能虚心一点儿，努力一点儿，今天怎么会在这雨中徘徊。面对这该死的"57"分，我觉得自己和它一样可悲，一样渺小。

333. 爸妈的影响

不知怎么的，从这以后，我完全变了一个人，平时寡言少语，常常感到孤独，很自卑，总觉得没人要自己了。爸爸、妈妈，你们知道吗，你们这样做，会对你们的儿子有什么影响吗？

334. 心里的酸

教室里议论纷纷，我心里却像吞了一颗青梅酸溜溜的，还带点苦味儿。我低垂着头，生怕别人看见自己难堪的表情。我的妈妈是个哑巴，别人的妈妈都能说话，我的妈妈却不能……

335. 蝴蝶的发现

不久，小蝴蝶花被花匠发现。花匠把它移植到一个万紫千红的花园里，它初到这里，有些耳目昏眩。它看看那白色栏杆里的牡丹，开得那么富丽堂皇；那正在怒放的芍药，开得比朝霞还要鲜艳。数不尽的名花在斗艳争奇，说不尽的花香在空气中迂回流荡。小蝴蝶花一下子变得自卑了，"什么人也不会理睬我了！"

336. 痛苦的热泪

低吟的松涛声折磨着黑夜的山岗和岩石，石壁尽头隐隐传来泉水断断续续地呜咽。孟明蜷曲在角落里一动不动，痛苦的热泪在脸颊上滚滚而下。一切心血、劳动和希望顷刻被消灭了，这个在皮鞭底下未曾躲闪过的汉子，现在看来沦落到了完全绝望的境地了。

337. 我的深思

徐大爷和妈妈的谈话，引起了我的深思，我为咪咪感到悲哀，感到不平。咪咪本来可以成为一名捕鼠冠军，可是让妈妈严格约束管制给弄糟了，猫要来是捕鼠的，可妈妈嫌咪咪扑鼠脏，所以从来不给咪咪捉老鼠立功表现的机会。有时咪咪听到外面猫叫，它也"咪咪"地叫，想要出去，可妈妈就是不让咪咪出屋。咪咪成天呆在屋子里，连老鼠都没见过，怎么会捉老鼠呢？咪咪的天性、本能就这样慢慢地被扼杀了，变成了我和妈妈的活玩具。我和妈妈对咪咪的爱酿成了咪咪的悲剧。

338. 波动的心

走在回家的路上，我心里十分难过。我的脚像是一块铁，走起路来是那样沉重。树叶在风的吹动下，"哗哗哗"地响，它好像是故意和我捣蛋似的将一片又一片的叶子飘落在我头上。我的鼻子一酸，视线模糊了，热泪涌出了眼眶。我摸出小手绢，擦去泪水。

339. 心中的忧伤

文宁缄默着，这个被生活的困顿和内心的伤痛绞干了活力的男人，不惑之年，头发却已花白。在他的身边，惟一能给他慰藉的是那把能倾吐苦痛和忧思的二胡，那剪不断理还乱的愁绪，那在逆境中挣扎，走投无路的痛苦。那郁积于心的忧伤，在呻吟般的琴声中倾渲出来，幽咽微吟，回肠欲断。

340. 生活的挫折

1995 年 11 月 24 日，是我永远忘不了的一天。这天是我爸爸和妈妈离婚的日子，是我家生活发生重大挫折的一天，是我生命中最痛苦的时刻。从那时起，父母离婚，我们姐弟二人各居一方，不能见面，不能通信。我是多么苦恼啊！过去那甜甜的梦境变得可怕极了！朦胧中，我又遇到了弟弟，我亲切地喊他、搂他，和他一块儿愉快地玩耍……可是，当我醒来时，才知道自己在做希望的梦。梦毕竟是梦，怎么会变成现实呢！我的眼里禁不住又一次悄悄地流下了难过的眼泪……

341. 杜鹃啼鸣

天色还朦胧时，偶尔能听到杜鹃掠过湖上的啼鸣，急匆匆地，从不让人看到它的身影。常听人说，那是一种悲观厌世的鸟，竟不给自己营巢，总是无休止地飞行、悲鸣，直到啼血而亡。它那四声一度的噪音，原可给人带来欢乐，可不知为什么，总在人们心中引起伤感。每当听到这啼血的哀鸣，便不由得呼唤：下来稍停一刻吧，明净的湖水会洗去你心上的忧伤，洗去你胸前美丽羽毛上的斑斑血迹。

342. 不懂事的我

我这个不懂事的孩子，整天在街上泥里爬，水里滚。有的人见了，说几句可怜话；有的人见了，又是摇头，又是皱眉。随着年龄的增长，我慢慢变得懂事了，我常常见到那些年龄和我相仿的孩子在母亲面前撒娇，听到他们那甜甜的"妈妈"声，每当这时，我就悄悄地躲在一旁抹眼泪。

343. 买票的小女孩

正在这时，人群中突然传来清脆的喊声："阿姨，买票。"我回头一看，原来是一个比我还矮些的小姑娘，手里高高举着3角钱，向售票员递去。我望着那3角钱，心里忽地一热，赶紧把脸转过去。我想起在学校里，老师经常教导我们不要做撒谎的孩子，可是我……我难过极了，真想大哭一场。我推开哥哥压在我肩头的手，把身子一下挺直了。

344. 老桃树

冬冬的哭声引来了人们。等人们将五爷爷抬上岸时，他却没有再站起来！五爷爷走了！再也不能讲故事给我们听了！我们都哭了，但是五爷爷却再也回不来了……

人们将五爷爷的骨灰埋在这株桃树下。

站在这桃树下，望着粉红如霞的桃花，我从回忆中醒来。这桃花多像五爷爷的笑脸。猛地，我发现就在这株老桃树的底下，又长出一株株小桃树……

345. 生活的情趣

这时正是月亮尚未十分圆的秋夜，薄薄的几片云翼，在皎朗的明月畔展护着，星光很模糊，只有近在天河畔的孤星，独自灿烂着。四周静寂得连犬吠声都没有，微风过处，落叶瑟瑟地响，一种清冷的感触，将心头一切热念都消失了，只漠然引起一缕莫名的哀愁。

陈良有时觉得是自己完了，以为自己男性的孤独和知识的痛苦再也不能在异性中得到一点解脱，生活的情趣总也燃烧不起来，这使他的心愈发灰白。

346. 我的勇气

放学了，我背起书包就往家走。路上，我觉得小鸟也不像以前那样歌唱了，柳树好像在满地向我摆动着树枝，好像一切东西都在指责我、嘲笑我。我真想去向老师说清楚，可是又一想，那样老师一定会批评我，同学们知道了更不知该怎样耻笑我呢。想到这里我一下子没有了勇气。这时，我觉得身上好像背着一个沉重的大包袱，压得我喘不过气来。

347. 我的电影票

我的手不由自主地伸进了裤子袋，摸着我用了两个小时才买到的票，心里想：这是我盼望已久的一场电影呀，为了买这张电影票我费了多大的劲儿呀，要是把票让给她，我不是白排了两个小时的队吗？不给吧，表姐从外地来我们这里，连一场电影也没看上，那该多么让人感到遗憾呀！我究竟是给她还是不给她呢？我心里矛盾极了。

348. 改正缺点

我们班开展了"争先进"，"帮后进"活动。老师偏偏把棘手的刘爱英交给了我，真懊恼死了。回到家里，我吃不下饭，心里埋怨老师给我找这个苦差使。晚上我躺在床上翻来覆去睡不着，脑海里时时闪现刘爱英那细嫩的面容，耳边响起老师的话语："秀亚，你是班干部，帮助后进生是一个光荣的事，我们总不能看着我们的小伙伴掉队不管吧！"我终于下定决心，一定帮刘爱英改正缺点，不达目的决不罢休。

349. 班级的竞选

会场布置得很庄严。辅导老师站在讲桌旁，同学们都在认真的酝酿候选人。选谁呢？我拿不定主意。选吴娜吧，她不爱劳动，又娇气；选米佳吧，她虽做事认真，但缺乏主见。这时，我想起了林晓。对！就选她，她不但学习好，而且工作大胆泼辣，选她准没错儿。我刚举手，却看见教导主任的女儿吴娜和我的好朋友米佳正盯着我。于是，我把刚举起的手又缩了回来。

350. 我的选择

我和妈妈闹翻了，一赌气走出了家门。我背着书包，一边做出雄纠纠、气昂昂的样子朝广场走去，一边为刚才自己的举动感到得意，心想："哈哈，这回我走了。看你们怎么办！"可是走着走着，我的步子就慢下来了。看着渐渐离远了的家，想到自己走后什么事都得不到亲人的照顾，没处吃，没处睡，没人和自己玩儿，我有些害怕了。心里像有十五个吊桶打水——七上八下的。我又往前走了走，默默地数着数，还自言自语地说："等我数到一百妈妈就该出来找我了！""1、2、……100、……200。""怎么搞的，都200了，连妈妈的人影也没有！"我心里"扑通，扑通"跳得更厉害了。回去吗，多不好意思！自己走的，这会儿又回去了！不回去！想来想去，才下了决心："不怕丢丑，回家去！"

351. 语文成绩

听到了门外老师的脚步声，全班同学都开始紧张起来，大家知道，老师今天要公布语文考试的成绩。老师抱着一大叠试卷走进教室。教室里一片死寂，只能听到老师宣布成绩的声音。我面如土色，心惊胆寒。我的成绩怎么样呢？老师会严厉地批评我吗？老师将同学们的成绩按名次公布出来，始终没有听到我的成绩。我的心跳越来越快，血压也越来越高。我的脑海里浮现出了爸爸妈妈和老师那张严肃的脸，浮现出那一张布满红叉的试卷，浮现出那鲜红的分数。一个个同学的成绩都公布了，教室里鸦雀无声，同学们都低着头，不敢看老师，只

是看着自己的试卷。教室外突然下起了毛毛细雨，雨洗掉了夏日的炎热，却依然洗不掉大家心里对成绩的恐惧。终于老师念到了我的名字"XXX 65 分"。我的心全都碎了，成绩怎么这么差，这样差的成绩让我怎么向老师和老爸交代呢？我拿回了我的试卷，用颤抖的手慢慢地翻开了试卷，看到满试卷的红叉，又看到了鲜红的分数，我更加害怕了。

352. 脑海中的身影

不知怎么的，虽然我还在走，然而刚才的快乐却不知到哪儿去了，只剩下满肚的沮丧。那个老太太发抖的身子，不住地映在我的眼前，痛苦的呻吟，回旋在我的耳边，我挥了挥手，想把这些不愉快的东西驱散，可是不行，老太太的身影仿佛在我的脑海中生了根似的，不断地出现。

353. 语文练习册

班长捧着新凑成的语文练习册走到鲁薇芳面前，只见鲁薇芳用颤抖的手接过练习册，激动得一句话也说不出来，她双手捧着的是全班师生的颗颗真挚友爱的心啊！她睁着一双亮晶晶的挂着泪珠的大眼睛望着班长，红苹果似的脸上露出了喜悦的笑容。

354. 漫长的路

我推着车，不敢抬一下头。似乎人行道上有许多双行人的眼睛在嘲讽地盯着我，盯着我的书包；似乎背后有相识的同学在对我指指点点地议论着。我把头埋得更低，只看得见马路从我脚下慢慢滑过去。我仿佛走了一段漫长的路。

355. 孝顺的爸妈

不大一会儿，爸爸下班回来了。他见气氛有点不对头，就问妈妈是怎么回事。妈妈悄声把经过告诉了爸爸。我想爸爸可能要埋怨奶奶一顿。我想错了，爸爸走到奶奶跟前，关切地说："妈，不要紧的。您伤着了没有？""我没事，忙你的去吧。""妈，我看看您的手，烫着了吗？"妈妈也走过来，关切地问。奶奶忙把手背了过去。我把奶奶的手伸给爸爸、妈妈看。只见奶奶的小手指上划了一小道血口，流了血，血口的边缘很红。"妈，您怎么不早说呢！我给您包上。"妈妈说完就找来纱布，小心翼翼地把奶奶的手包上了。奶奶擦了擦眼睛，笑了。屋里又恢复了平静。我真为妈妈、爸爸这样孝顺，这样关心老人感到高兴。

356. 玩钢笔

有一次，我正在做功课，亮亮看见我手里的钢笔，硬要拿。我说："亮亮，钢笔不能玩，小姨给你看一张画吧。"他又摇头又甩胳膊，"不要，不要！"接着就哭起来。妈妈看见了，对大家摆一摆手，大家就若无其事地各做各的事。他哭了一会儿，用手捂着眼睛，断断续续地哼着，还不时地从手指缝里偷看，看大家是不是在注意他。他的目光从妈妈身上移到姐姐那儿，一会儿又移到我身上。我竭力不让自己笑出声来。他把大家扫视了一遍，也就不闹了，自己拉着小汽车玩去了。以后我再做功课，亮亮也不要求拿钢笔玩了。

357. 偷吃罐头

晚饭后，妈妈带弟弟去邻居家串门，爸爸在小房间里写东西。我一个人呆在屋里，功课做完了，正闲得无聊，一眼瞥见五斗橱上的乐口福罐头，已经打开过了，显然，弟弟吃过了。我越想越气，为什么他可以吃，我不可以？我只吃一勺，妈妈看不出的。我拿着匙子，狠狠地舀了一勺，放进嘴里，干吃可比冲着吃味道好，有点像巧克力。反正已经吃了，多吃一勺也没关系，这是最后一勺了，我保证。就这样，我吃了一勺又一勺，保证了一遍又一遍，眼看着乐口福往下降了一段，还安慰自己：这是弟弟吃的，不是我吃的。我把罐子放回原处，洗了匙子，揩了嘴，还特意喝了一杯白开水，我不想让妈妈闻出来。然后，我捧起一本小人书，装模作样阅读起来。妈妈和弟弟很晚才回来，说是搞到了治哮喘的偏方，我躲在被窝里装睡，耳朵一直竖着听动静，当晚，妈妈没有发觉不对劲。

358. 囫囵吞枣

有个青年人买了一堆水果，有梨也有枣，坐在路边吃。

有个老头看见了，说："小伙子，梨可不能多吃。这东西对牙齿虽有好处，可是吃多了会伤脾。"

青年人问："那么枣呢?"

老头儿说："枣倒是补脾的，可惜伤牙齿，也不能多吃。"

青年人想了想说："那好办。我吃梨就光用牙齿嚼，不咽到肚子里。那枣么，我就整个儿吞下去，不用牙齿嚼它。"

359. 开考之后

教室里除了墙上的挂钟"滴答、滴答"的走动声外，一点声响也没有。监考老师的目光从我们身上逐一扫过，那犀利的目光好像要穿透全身，直达心底。平时极为熟悉的教室，此时显得多么陌生。在这陌生的教室里，心就像悬崖上飘落的那片秋叶，不停地在空荡荡的峡谷中飘浮、打转。

"监考老师分发试卷!"广播里传来了考务办公室的指令。"放松，放松，我这是怎么了?"心咚咚地跳着，脸上呼辣辣地出火，拿笔的手也微微发抖。"放松，放松!"我摘下眼镜，双眼微闭，双手合十，心中默念"一、二、三……""小三，你要好好念呀! 不然，还有什么出路呢……"爸爸沙哑的声音又在耳边响起，妈妈飘拂的白发，瘦弱的身影又在眼前浮现，且挥之不去。这是高考前的最后一次模拟考，上次失败的阴影一直紧压着我。"放松，放松"，我又一次提醒自己，一个多月的起早贪黑，一个多月的卧薪尝胆，决不能付诸东流，这次一定要考出自己的水平，在年级中寻找到自己合适的位子，如果再次失败，势必会影响高考时的情绪和信心。为了含辛茹苦的父母，为了自己的美好前途，"放松，放松"，我再一次提醒自己，该静下心来，好好答题才是，'平平淡淡才是真'，只要有颗平常心，就能发挥出自己的水平。深吸两口气，摸一摸咚咚直跳的心，心似乎已平静了许多……"考生开始答题!"。我戴上眼镜，真怪，拿笔的手不抖了，有力了。望望四周，大家一脸的郑重和严肃。……

360. 改正坏毛病

今天自习课我做物理习题时，遇到一道难题，怎么也想不出来解法，便想：向同桌请教吧! 这时好思想提醒我：不行，自习课不让说话，不让出声问问题。坏思想说：不要紧，老师不在，干部又没注意，小点声不就行了吗! 好思想干着急也管不住坏思想。

坏思想果然指挥我张开嘴巴，悄悄打听同桌这道题怎么做。同桌开头不愿理我，好思想趁机说：停止吧! 别问了! 坏思想不甘心，缠着同桌，弄得人家不好意思，只好用笔给我写怎样解，我又看不懂，就又问。这时好思想说：算了吧，别问了，下课再说吧，再不停止，老师来了，班长该注意咱了。可坏思想正在兴头上，哪里停得住，说：不要紧，再问一问，问题就快弄清了。

361. 我的惭愧

我站在老师跟前，耷拉着脑袋，脸红到了脖子根。眼睛眨巴、眨巴，泪水在眼眶里直打转。两只手没地方放，只是下意识地搓着衣角，两条腿无力地支撑着身体，心里真不是滋味，好像打翻了五味瓶：酸、甜、苦、辣，什么味道都有。同学们信任，选我当中队长，我却干出这种丢人现眼的事。我对得起谁? 我的目光在地面上搜索着，如果发现一条缝，恨不得一头钻进去。

362. 我的高兴

一次，数学测试的卷子已经在发了，我的心"怦怦"直跳，像揣着一只小兔子。我默默地祈祷：95分以上，最好是满分。

试卷发到了，我迫不及待地摊开卷子一看，呀！真的得了满分。我欣喜若狂，美滋滋地想："今天回去爸爸妈妈一定十分高兴，还会表扬我呢！我想到了向好朋友陶姝瑶报喜。于是，我连忙跑到她的位置上，告诉她这个好消息，她向我祝贺。

回家后，我把这件"特大"喜讯告诉了爸爸妈妈，他们不但表扬了我，还做了好吃的犒劳我呢！

363. 我的害怕

一天夜里，天阴沉沉的，爸爸妈妈有事外出了，只留我一个人呆在家里。为了防止害怕，我匆匆做完作业，就躲进被窝，连头也钻了进去。

过了一会儿，狂风大作，雷电交加，紧接着，瓢泼大雨倾盆而下，狂风吹的树叶沙沙作响，吓得我把被子裹得更紧了。我非常害怕，心想：爸爸妈妈什么时候才能回来呢？我壮着胆，探出头，看了看放在床头的小闹钟，啊！已经快9点了。这时，门外传来了一阵熟悉的脚步声。啊！爸爸妈妈回来了，我心里的一块石头落了下来。

364. 我的求救

"赵子漪，你来说。"这一刻我才知道我的名字一点也不悦耳。我迅速地从座位上弹起来,脑中一片空白。天哪!这正好是上一道题,老师为什么总是叫我回答我不会的那个。这下又出糗了!我该说点什么?还是干脆一声不吭,或者索性说"不知道"好了!不行,不行!唉?现在教室为什么偏偏这么安静,真是祸不单行呦!要是吵闹一点儿,还可以求救一下哦……老师又该对我失望了,这该如何是好……"

365. 相信孩子

已经临近午夜,可某种难以言明的东西还像蛛丝一样轻轻地却又粘粘地缠绕在我的心间。明天就要见到那些我从未谋面的学生了,丝丝的喜悦浮上心头,淡淡的担忧也涌入心间。我不禁想到:"又将认识一群可爱的孩子了,而且是在这北京,我可真幸运啊!可是在陌生的会场,由一位陌生的老师授课,孩子们会不会怯场呢?这堂课会不会变成我的"独角戏"呢?哦,老天!千万别这样。要相信孩子们,他们一定会和我一起努力的。是的,一定会的!"

366. 雨后的夜晚

夜已深了,这是一个雨后的夜晚。终于放假了!我静静地站在窗下,默默望着窗外的新月,一切都显得那么温柔与闲适。伴着耳边悠扬的旋律,我仿佛是长了翅膀的精灵,飞越千山万水,飞越关山叠嶂。我似乎站在了黄果树的飞瀑前,月正当空,飞溅的水珠,重叠的山石,在月光下格外神秘与圣洁。我好像来到了玉门关口,听远处悠扬的箫声若断若续,还有梅花的暗香与夜风的清凉……

放假了,真好!

367. 回宿舍的路

　　我独自走在回宿舍的路上。往日里温馨的灯火夜景，此刻看来却是那么的刺目。星星隐匿了身影，只有弯弯的新月孤独地挂在树梢。回到宿舍，躺到床上，清冷的月光从窗户泻了进来，心中无比凄凉。我呆望着屋顶，渐渐地视线模糊了：难道小学到现在八年的友谊就这样结束了？

368. 掀起的试卷

　　此刻，试卷静静地反躺在我的课桌上。我用有点颤抖的手轻轻掀起它的一角，一个鲜红的"4"剑一般刺向我的双眼，身体立刻触电似的一抖，试卷又合上了。"管他呢，横竖是要知道的!"一咬牙，我把手伸到了试卷底下，用力一翻。随着"啪"的一声，醒目的分数呈现在我眼前——84!"喔，总算虚惊一场。"我长长地舒了一口气。

369. 麦场

　　他一步一步地踩到麦场里，一排麦秸跺出现在他的眼前他看看这个，比比那个，他想着，我只要把张栓的地买下，哼，到明年麦天，就看出谁的麦秸跺大了。他看着、看着自己的麦秸跺慢慢地大了，好像一大群人在自己场里作活……他又看那边张栓的麦垛慢慢地小了，小得像草篓子那么大。他猛然想起来张栓那一群孩子。

370. 最后一堂课

我听了这几句话，心里万分难过，啊，那些坏家伙，他们贴在镇公所布告牌上的，原来就是这么一回事！我的最后一堂法语课！

我几乎还不会作文呢！我再也不能学法语了！难道这样就算了吗？我从前没好好学习，旷了课去找鸟窝，到萨尔河上去溜冰……想起这些，我多么懊悔！我这些课本，语法啦，历史啦，刚才我还觉得那么讨厌，带着又那么重，现在都好像是我的老朋友，舍不得跟它们分手了。还有韩麦尔先生也一样。他就要离开了，我再也不能看见他了！想起这些，我忘了他给我的惩罚，忘了我挨的戒尺。

可怜的人！他穿上那套漂亮的礼服，原来是为了纪念这最后一课！现在我明白了，镇上那些老年人为什么来坐在教室里。这好像告诉我，他们也懊悔当初没常到学校里来。他们像是用这种方式来感谢我们老师 40 年来忠诚的服务，来表示对就要失去的国土的敬意。

371. 凡卡的信

他很满意没人打搅他写信，就戴上帽子，连破皮袄都没披，只穿着衬衫，跑到街上去了……前一天晚上他问过肉店的伙计，伙计告诉他，信应该丢在邮筒里，从那儿用邮车分送到各地去。邮车上还套着三匹马，响着铃铛，坐着醉醺醺的邮差。凡卡跑到第一个邮筒那儿，把他那宝贵的信塞了进去。

过了一个钟头，他怀着甜蜜的希望睡熟了。他在梦里看见一铺暖炕，炕上坐着他的爷爷，搭拉着两条腿，正在念他的信……泥鳅在炕边走来走去，摇着尾巴……

372. 我的羞愧

有一次上思想品德课，王老师给我们讲要养成劳动的好习惯。老师语重心长地说："人要是不爱劳动就叫懒惰，懒人是最没出息的。"她接着问同学在家干不干家务活。不知道为什么，我心里格外紧张，怦怦乱跳，唯恐老师叫到我的头上。想一想，自己是大队长在学校还能劳动，可是回到家里干过什么活呢？什么事不是妈妈干的？就连洗手绢自己都不动手，太不像话了。

373. 满意的分数

那次数学考试以后，王老师把考试卷发下来了。我一看"1"后面的两个圈圈正向我微笑，顿时心花怒放。再朝"对手"王冰的考卷瞟了一眼：99分，哈！我的第一又保住了。当我再次向王冰的考卷看去时，突然发现有一道题的答案和我的不一样，但老师批的都是对号。这是怎么回事呢？我又演算一遍，原来我算错了。这怎么办呢？

374. 让人兴奋的考卷

我今天考试考了100分，一回到家，便把书包扔在床上，连忙抽出了100分的试卷，翻了一遍又一遍，心里有说不出的高兴，对了，老师还要求家长签字。

我便把试卷放在桌上，想象着爸爸妈妈欣喜若狂的样子，我不禁沾沾自喜，一下蹦得老高。心想这样不行，于是便把试卷折好放在那，慢慢地等着爸爸妈妈回来，心还不停的跳呢！

听着上楼的声音，那脚步声……我兴奋着不停地跑来跑去，可是没想到的是别人。又听到了一阵脚步声，开门一看，哇～我的血压都升高了，是爸爸回来了，我便拿着 100 分的试卷给他。

他那本来木头般的脸像拨开了乌云见到阳光似的，顿时笑开了花，马上拿起笔，签上了他的大名。

375. 他的痛苦

她轻轻的跨了几大步，又忽然停下。手紧握着手，汗都要挤出。头小心翼翼的轻轻纽过一点点，大大的眼睛窥视着身后的他。眼神里充满着光彩，不到两秒钟便又轻轻地回过头来，继续往前大跨其步。心里警告自己：走就走的干脆利落，不要留下一丝留恋，哪怕明知道自己做不到，也不能让他知道自己做不到。走，头也不回的走掉。"邱颜语，你真的没话跟我说？"他撕喊着，喉咙破了也不在乎。那渴望与不解、复杂而又掺杂着泪的眼神，有太多的不舍。颜语哽咽的喉像几天没喝水，泪似春雨般连绵不绝。"该说的已说完，以后我们不要在见面了，路上遇到了，就当彼此是空气吧！"一个个字像针一样锋利地刺伤了他的心。她说罢走了。他痛苦不堪地瘫软在地，忘记了流泪。

376. 佝偻的老板娘

老板娘佝偻着身子在一堆货箱间翻找着。强子眼珠四下里一瞥，暗自嘀咕：怎么有两个人？亏我专门找了这么一家偏僻的店。怎么办？要不要下手呢？刚想到这里，老板娘忽然转身，强子的心跳顿时漏了一拍。老板娘只是对他展现一个满是皱纹的笑，似乎在请求他耐心。真像妈妈！强子怔了怔，准备伸出的手僵在了半空中，进退不得。啊，我怎么就选了这家店！我真是混蛋！要是妈妈还活着一定会生气……

可是爸爸怎么办？再不交住院费爸爸就没救了！怎么办？老板娘终于找到了货物，笑着递给强子。妈妈！爸爸？可恶！我该怎么办？强子收手了，有点不甘心，又带着解脱。

377. 英雄行为

当我目睹老头子的英雄行为，我想这位老头子昨天说的话可不是放空炮，自己真是小看了老头子，别看他这么大年纪，真是老英雄啊！你看他面对十几个鬼子毫不畏惧。想不到他足智多谋，原来他所做的是在引诱鬼子啊！鬼子们不动肯定是他在水下设了机关了，他真厉害！原来他是真有本事，不用枪，一个人就能对付十几个鬼子，叫鬼子只有挨打的份，没有还手的力。老英雄砸得好，狠狠砸！叫他们头破血流，大菱的仇是报了！回去要告诉她，不过，她没来，真是可惜呀！要不然，回去和大菱一起跟老头子说说，让他教我们这水上的功夫，让我们和他一起打日本鬼子，恩，就这么办！

378. 楼梯口的饭盒

"是谁把饭盒扔到楼梯口了？是谁干的好事？"我和姐姐刚走出铁门，身后就传来妈妈愤怒的"狮子吼"，声音大得让人头皮发麻。

我一看，这不是我昨晚丢的吗？可是，一旦承认，我的一世英名岂不付诸东流？要不干脆来个死不认账。不行，撒谎就不够光明正大了，我以后如何立于天地之间？这本来就是我扔的，我应该对此负责呀！可是……这时，我的心里有两个"小人"在吵架：一方"诚实"，一方"虚荣"。

"快承认吧！""诚实"温和地劝道。

"不行，绝对不行！""诚实"还没说完，"虚荣"插嘴道，"别听它的，它存心想让你挨骂！让你出丑！你只要不承认，这事就'神不知鬼不觉'了。""虚荣"的嗓门提得老高。

"勇敢一点，朋友，像当年列宁一样，做个诚实的孩子吧！我才是真正地帮你，维护你的尊严！""诚实"苦口婆心……

"诚实"和"虚荣"的争吵就像天使与恶魔的决斗。最后，我扬起头，理直气壮地对妈妈说："不是我干的，不要冤枉好人！"

379. 善良的大臣

这位善良的老大臣来到那两个骗子的屋子里，看见他们正在空织布机上忙碌地工作。

"愿上帝可怜我吧！"老大臣想。他把眼睛睁得特别大，"我什么东西也没有看见！"但是他没敢把这句话说出口来。

"我的老天爷！"他想，"难道我是愚蠢吗？我从来没有怀疑过自己。这一点决不能让任何人知道。难道我是不称职的吗？不成！我决不能让人知道我看不见布料。"

380. 看戏

两岸的豆麦和河底的水草所发散出来的清香，夹杂在水气中扑面的吹来，月色便朦胧在这水气里。淡黑的起伏的连山，仿佛是踊跃的铁的兽脊似的，都远远的向船尾跑去了，但我却还以为船慢。他们换了四回手，渐渐望见依稀的赵庄，而且似乎听到歌吹了，还有几点火，料想便是戏台，但或者也许是渔火。

381. 期中考试之后

考试之前没时间感受，考试中没心情感受，考试后等成绩的滋味，真是一言难尽啊！一想到这要命的考试，我就默默地祈祷：苍天保佑，大地保佑，我没做过什么坏事，平时学习也很认真，拜托让我考个好名次吧。老师拿着考卷走进教室，我的手紧张得冰凉，手心里全是汗。为了缓解紧张的情绪，我随手拿起一本书翻起来，可我哪有心情看书啊，我关心的是我的成绩啊！开始发卷了，我忙扔下书，竖起耳朵听，我的注意力从来没有这么集中过。

这次考试满分是 120，我怎么也得在 110 以上啊。某某，119；某某某，91…看着身旁的同学一个接一个神情各异地取回卷子，有的欣喜欲狂，有的满面愁容，我的心更强烈地跳动起来，手更凉了。阳光照在我身上，仿佛在安慰我："没事儿，你平时很努力，这次肯定能考好！"我慢慢的平静下来。"罗舒维，119！"听到我的分数，我一阵目眩，赶紧走上讲台。错在哪儿了？我仔细地寻找着，啊？原来是一道选择题，由于我的疏忽掉进了陷阱。我仔细回想同学们的分数，我应该排进了前三名。太棒了，平时扎实的功夫，考试前的挑灯夜战，考场上的全神贯注，在这里都得到了回报。付出才有回报，汗水收获成功，我记住了！

382. 我受到了批评

上第一堂课时，因为我思想开小差，被老师点名。我后悔死了，在众目睽睽之下挨批，这可是我有生以来破天荒头一遭啊。我低着头迈着极慢的步子朝墙边走去。我真想哭一通。我极力地克制着自己，可眼泪老在眼圈里打转。当老师在大庭广众之下批评我时，我这个自尊心很强的孩子，终于再也忍不住了，泪水像断了线的珠子扑簌簌地往下落。我暗暗责备自己："唉！你是怎么搞的，临近考试，你上课却不专心听讲，这是多么大的过失啊。老师要是在手册的操行评语栏里写上'上课不专心听讲'，你怎么拿去给父母看啊！"这时咸咸的泪水流到我的嘴角，我紧咬嘴唇，强制自己。这是老师对你的严格要求，有什么好哭的。大丈夫顶天立地，绝不能哭，再者说，倘若被同学们看见了，一定是会嘲笑你的。对，我抹干泪水，但仍红着脸，低着头。这时，有不少同学偷偷朝我这里看。唉！今天可不是个吉利日子，但这个念头刚一出现，就又立刻在我的脑海里消失。不，今天是个难忘的日子，它激励我向上，激励我奋进。

383. 令人担忧的成绩

今天是期中考试后的第五天，我早已从考试过后极度放松中走出来进入到一种焦灼状态，我很为我的成绩担忧。这几天我一直都心思恍惚，神思飘荡，茶饭不思，心里常默默祷告：我的神啊，千万要考好，千万要考好啊！不然我可就有 6 个月不能玩电脑了，还要附赠一顿大大的毒打。上天保佑，我以后再也不一边听广播一边写作业了，再也不偷看电视了。接下来，我的考试后综合症症状更加严重，因担忧过度而导致神经衰弱，面孔发青，脸色发黑，眼窝深陷，还时常感到天昏地暗，星月无光，夜晚常梦见被老师批、被爸妈混合双打的景象。

384. 参加缝包比赛想到的

最近老师宣布班里要举行一次缝包比赛。我一听急得团团转，心想：我是个独生子，平时过惯了饭来张口，衣来伸手的生活，长这么大从来没有动过针线。如今偏偏让我穿针引线，比赛缝包，这简直是当着众人的面要我好看。哎！有什么办法呢，尽管心里不满，但还得硬着头皮参加。

比赛那天，我的心"怦怦"直跳。就像十五个吊桶打水——七上八下。比赛开始了，看着同学们飞针走线，动作那么灵巧熟练，我心里更加紧张了，两腿发软，两手打颤。可越急手里的针越不听使唤，好半天才纫上针，刚缝了几针，线又结了个大疙瘩，真是丑态百出。抬头一看，同学们都要缝完了，可我才缝了六条边中的两条边，而且缝得歪歪扭扭，皱皱巴巴，根本不成样子，让人看了笑掉大牙。当时我的狼狈相就别提了，真可以说是心急如火，头脑中一个念头闪过：糟了，这回可真丢人现眼，当众出丑了。一不小心，针扎在手指上，痛得我流出了眼泪，血也涌了出来。我捂着被扎破的手指，心里又恨又悔。恨我平时不该好吃懒做，后悔我以前不该不参加家务劳动。

比赛结束了，同学们拿着自己缝好的包，心里甭提多高兴了。可我却低着头，手里拿着那个没有缝好的不成样子的包，简直无地自容，心里像刀绞一样难受。我暗暗下决心：今后一定要多做力所能及的家务劳动，自己的事自己做，家里的事帮着做，集体的事抢着做。通过劳动使自己变得更聪明、更灵巧，长大为"四化"多做贡献。想到这里，我鼓起勇气，抬起头来，手拿针线，继续缝着那个没有缝完的包……

385. 得了100分以后

今天中午老师发下了期中考试试卷。我一看是100分，又听老师说："全年级就我一个100。"我心里更是高兴！一颗悬着的心一下子落了地。

嘿！盖了。我这回又得了100。不，还是全年级第一呢，妈妈爸爸听了准会高兴。妈妈平常总是那么严肃，脸拉得长长的，没有一丝笑容。这次准得笑得合不拢嘴。爸爸嘛，就更不用说了，平时就经常和我们说说笑笑，这回肯定会用巧克力、糖豆来奖赏我。想着，想着，我脸上不禁流露出了得意的笑容。

在回家的路上，我仿佛看见妹妹那熟悉的身影，只见她站在我面前，竖起大拇指称赞地说："你真棒，我一定要向你学习。"

"扑棱棱"一声响，把我从沉思中惊醒，原来是一对小白鸽飞到我面前，我满怀深情地对它们说："小白鸽，小白鸽，请你展翅高飞，快快飞到那遥远的安徽和上海去，把这喜讯告诉姥姥和奶奶两位老人家。"小白鸽像通人性似的，点点头，展翅高飞了。这时我仿佛看到老人们那布满皱纹的脸上，露出了自豪的神情，听见了他们开怀的笑声。我越想越高兴，心里美滋滋的，迈着轻快的脚步向家走去！

386. 改选

开学不久，班里就进行了改选。那天，班里气氛热烈，同学们发言踊跃：

"我选王强。"

"我选李莉。"

"不，我同意张红。"

……

我心想：我当了4年中队长，难道这回真的被一抹到底吗？尽管这时我的心已凉了半截，但仍抱有一线希望，默默地安慰着自己，别急！关键的时候还没到，说不定咱还能来个竞选连任呢！话虽这么说，但心里却忐忑不安，表决的时候终于到了，我强打着精神，凝神注目。可万万没有想到我居然只得了可怜的一票。我头上像挨了一闷棍，昏昏沉沉，一颗悬着的心也"咯噔"一下沉了下来。

387. 得了喜报以后

这是我升入六年级得的第一张喜报呀！我怎么能不喜出望外呢！这回我可得拿回家显摆显摆了。爸爸曾说过："我们小杰要是得了喜报，我得冲西天磕头烧高香！"妈妈曾说过："他得了喜报，那得太阳从西边出来啦！"还是我们孙老师瞧得起我，每天都要表扬我，越是表扬我，我的劲头就越大。不像我爸爸妈妈，从门缝里瞧人，把我看扁了。这回，我先不把喜报拿出来，得让我爸爸妈妈说说，如果我得了喜报怎么奖励我。对，就这么办。于是，我小心翼翼地把喜报卷起来，外面又用旧报纸裹了一层，装在书包里回家了。

"爸爸，妈妈，猜猜我在学校里得了什么？"我装作愁眉苦脸的样子问。他们看这样子，以为我在学校闯了祸，赶忙问："是不是又挨批评了？""不对！"我的头像拨浪鼓似的摇了摇，"今天，太阳从西边出来了！说说怎么奖励我吧？"爸爸妈妈交换了一下眼色，爸爸说："奖你一个小足球！"我一听，一蹦三尺高，心花怒放，情不自禁举着喜报欢呼起来："噢，噢，我得喜报了！"得了喜报，又得了心爱的足球，这是双喜临门，你说叫我怎么不笑逐颜开呢！

388. 骄傲的"下场"

我先发了个快球，哥哥往后退了半步，接了过来，我顺势削了一板，球又弹了回去。不知哥哥是怎么搞的，连连失误，我一连赢了好几个球，咯咯地笑出了声。心想：我这几天真没白练，球技大大地提高了，就连平时让我望而生畏的哥哥，也成了我的手下败将。这时，哥哥突然发过来一个上旋球，我还没回过味来，匆忙用拍子一挡，球唰的一声飞了！哼，哥哥趁人不注意就打，没本事！这球算我让着你。

接着，他又发过来一个侧旋球，又被我打飞了。噢，你是用转球来治我呀！那我也用转球来治你！我用上我平时打得最熟练的下旋球，我想：哥哥这回一定把球打飞了，谁知哥哥稳稳地一下把球削过来了。随后，哥哥接连打了几个转球，一个比一个转，都把我转晕了！我这才明白过来，哥哥刚才输给我是让着我，其实他的实力比我强多了，我还得虚心向哥哥学习呀！

389. 我领到了"三好学生"奖状

在一阵欢乐的锣鼓声中，"三好学生"表彰大会开始了。当听到老校长兴冲冲地宣布我被评为"三好学生"时，我高兴得心几乎快要跳出胸膛。我和同学们在乐曲声中走上主席台。一张鲜红的"三好学生"奖状捧在手中。此时，心里有多少话想说呀！眼前投来了张老师祝贺的目光，耳边送来了同学们哗哗的掌声。我心里怦怦跳个不停，环视着大家的笑脸，抚摸手中的奖状，心想：今天，我被评上"三好学生"，全是老师、同学们帮助的结果呀！当我第一次走进学校的大门，是敬爱的老师领我走进知识的海洋，手把手教我写字，读书，告诉我要以顽强的毅力，攀登文化科学知识的高峰；是亲爱的同学，像亲兄弟姐妹一样，帮助我，鼓励我，给了我集体的温暖，进取的力量。如今，我被评为"三好学生"，让我说什么呢？我想向大家高声说：这奖状，属于辛勤的老师，属于亲爱的同学，属于我们大家。

390. 赴考路上

早晨，太阳公公刚刚爬上窗口，我就一个鲤鱼打挺起来了。我急匆匆地穿好衣服，背起书包走出家门。因为，我今天要去参加考试呀！爷爷看见我走出家门，追了出来，大声说："孩子，今天考试要细心，千万别再做错题呀。"我一听，脑子里就"轰"的一下响起来，心里像热锅里的蚂蚁，乱了起来。上次期中考试，我做错了两道题，才得了88分。爸爸望着试卷，指着我的脑门说："你真是一个小糊涂！"从那以后，我就下决心争取好成绩，让爸爸再看看"小糊涂"是怎样变聪明的。心里虽然这么想，却特别紧张。也不知道为什么，今天上学的路显得特别长，穿过一条胡同，走过一趟街，还没到学校。一边走，心里一边咚咚地敲小鼓。这时，从前面传来一阵银铃般的笑声，有几个小伙伴在向我招手。我加快脚步走进校园，看见班主任正站在教室门口欢迎同学们呢。她向着大家招手，笑呵呵地说："考试有什么紧张的，沉着才能取得好成绩啊！"老师的一句话说得同学们都咯咯地笑了。我带着老师的期望，满怀信心地走进考场。

391. 心事

　　杜老师神采奕奕地走进教室，紧张的期中复习以来，她的额上又添了新的皱纹。杜老师首先讲了评选三好学生的要求："德智体要全面发展……语文、数学要达到八十分以上……"后面的话我都没听清楚。我心里只惦记着期考分数，对于其他方面，我并不担心，大家一定很清楚。可是这次期中考试能不能达到要求呢？开始念分数了，同学们一下都兴奋起来。"王平，九十五；郭承平，八十五；孙卫华，……"当念到我的时候，杜老师停了停，我的心猛一收。"孙卫华这次只考了六十九分。"啊，我的头像被铁棒击了一下，顿时天昏地转，虽然我想忍住眼泪，可眼泪还是流了下来。

　　我感到同学们向我投来各种各样的目光，有的惋惜，有的惊奇，痛苦、悔恨一起涌上心头，我真希望有个地洞能钻进去。这怪谁呢？都怨自己平时不努力，认为自己还可以，不免有些骄傲，如今落得这般下场，真是自食其果。我暗暗下定决心：争取在期末考试中，语文数学一定都达到八十五分以上。

392. 当我听到老师表扬时

今天，老师在班里宣布数学期中考试的成绩，表扬了成绩优秀和有进步的同学，还说我学习刻苦、不怕困难，从开学初的 45 分提高到 98 分……。老师的话音未落，同学们怀着惊喜的目光，纷纷回头朝我看。我既高兴又惭愧，不由得脸红了。我想，我的进步是跟老师和同学的帮助分不开的，自己进步了，可不能忘了帮助班里成绩不及格的同学啊！再说，自己跟过去比是有了一些进步，但是跟优秀的同学比还差很远，跟四个现代化对我们的要求比那距离就更大了。我一定要发扬"攻书莫畏难"的精神，为将来攀登科学高峰，在小学里打下扎实的基础。

393. 为了抢救大熊猫

我望着另一旁放着的一只熊猫模型，忽然觉得它变瘦了，它黑黑的眼窝里流出痛苦的泪水，还用乞求的目光望着我。我低下头，看了看手中的钱，又望了望可怜的熊猫，疾步挤出人群，拉着爸爸妈妈的手就往邮局走。妈妈问我："干什么去？""您猜！""是不是想给大熊猫送礼啊？"爸爸一旁说，"熊猫是国宝，不能让它们绝种！爸爸支持你！"

我们来到邮局，向阿姨要了一张汇款单，我在上面工整地填写着："寄动物保护协会，捐给大熊猫三十元。"望着手里的汇款单，忽然觉得它好像变成了无数棵鲜嫩的竹笋，那些胖乎乎的大熊猫正甜甜地嚼着…

我心里有说不出的高兴，因为我懂得了"把钱使在刀刃上"的真

154

正含义。

394. 打碎玻璃以后

开学后的一天，下午放学后，我和小华打扫完教室，准备到操场上去踢足球。我把小足球朝小华一抛，只听"砰"的一声响，小足球把窗玻璃打碎了！顿时，我惊呆了，不知该怎么办好。突然，我灵机一动，撒腿就往家跑去。我从家里拿了一袋奶糖送给小华，说："咱俩是好朋友，这袋糖送给你，千万别把打碎玻璃的事说出去。"小华没有接奶糖，只顾低头扫着地上的碎玻璃。望着他的神情，我想，他不要糖，是不是要把这事说出去呢？不会的，我俩是好朋友，就是再大的事，他也会替我严守秘密。

395. 没有写完作业

"张宏，你的作业为什么没有写完？"王老师站在讲台边，大声地叫我的名字。他那敏锐的目光紧紧地盯住我。我知道，这事是迟早要发生的，没有写完作业就交本，躲不过老师的眼睛。

"张宏，你说呀，作业写了三行就交本，这是怎么回事？"王老师步步紧逼，非让我张口不可。我支支吾吾地说："我，我，昨天看完电视就睡着了……"我说完，怯生生地望了老师一眼。心想：反正是"豁"出去了，最多站一会儿办公室，写份检查不就过"关"了。教室里静极了，我发现同学们的目光都集中在我身上，我的脸也一下子变得通红，恨不得地面上裂开一条缝让我钻进去。"请坐下，赶快把作业补好吧。下次一定注意完成作业。"王老师最终发话了。听了老师的话，我的心就像吃了一根冰棍，凉快了。可这句话，又像警钟一样时时响在我耳边，让我牢记不忘。

155

396. 他的小羊羔

海娃心里一点儿也不苦，他简直要高兴死了。他高兴得汗都来不及擦，就一面喘着气，一面把手插在口袋里。他恨不得把信放在嘴上，狠狠地亲他一亲，像亲他的小羊羔一样地亲一亲呢！

397. 秘密的愿望

她把她的女友逐个想了一遍，觉得每人都有些缺点，没有人配得上他。经过这种种思索后，她模糊地然而深深地感到，她的心中隐藏着一个秘密的愿望，要把他保留给自己，同时又告诫自己，不能保留他，也不许保留他。她那纯洁的、美好的、通常是十分轻松、易于排遣的心情感受到阴郁的重压，阻断了她的幸福的期望。她内心抑郁，一团悲戚的阴云遮挡在她的眼前。

398. 起伏的思潮

她只身独坐，弟弟妹妹们也不在身边，她思潮起伏，默默地回顾种种恋情旧意。她想到，她已和丈夫永远结合在一起了，他的真诚和爱情她是深信不疑的，她对他也是一片真心，他的安静沉着和老实可靠似乎是天赐之福，一个正直的妇女应该把她一生的幸福建筑在这些基础上。她相信他会永远关怀她和她的弟弟妹妹们的。另一方面呢，维特在她的心中占据了十分宝贵的位置，从他们相识的最初一刻起，两人就显得情投意合，融洽无间，经过长时间的交往，他已经在她的心中留下不可磨灭的印象。凡是她感到兴趣的事，或是她想起什么有味的事，她习惯于和他分享，他的离去会在她整个心灵上撕开一个可能永远无法填补的裂口！哦，如果她能够在刹那之间使他变成她的嫡亲哥哥，那她会多么幸福！——她可以在她的女友中间介绍一位和他结婚，他和阿尔贝特的关系也就可以完全恢复！

399. 武松打虎

当下景阳冈上那只猛虎，被武松没顿饭之间，一顿拳脚，打得那大虫动弹不得，使得口里兀自气喘。武松放了手，来松树边寻那打折的棒橛，拿在手里，只怕大虫不死，把棒橛又打了一回。那大虫气都没了，武松再寻思道："我就地拖得这死大虫下冈子去。"他就血泊里双手来提时，那里提得动，原来使尽了气力，手脚都酥软了。武松再到青石坐了半歇，寻思道："天色看看黑了，倘或又跳出一只大虫来时，却怎地斗得他过？且挣扎下冈子去，明早却来理会。"就石头边寻了毡笠儿，转过乱树林边，一步步捱下冈子来。

400. 养成好习惯

有一次上思想品德课，覃老师给我们讲要养成劳动的好习惯。老师语重心长地说："人要是不爱劳动就叫懒惰，懒人是最没出息的。"她接着问同学在家干不干家务活。不知道为什么，我心里格外紧张。

401. 公布的分数

考试试卷发下来了，我很怕老师公布我的分数。我把头轻轻地低了下去，目光躲闪着。我想起了妈妈，可我还是让她失望了。

我的心里忐忑不安，生怕老师公布出我的分数，我把头轻轻地低了下去，目光躲闪着，脑袋像过电影一样过着妈妈知道分数后那生气和失望的表情，可是，我还是让她失望了，这已经不是第一次了……
妈妈，你不要生气……

402．断线的泪珠

　　我望着他的身影，心里酸酸的、麻麻的、苦苦的，泪水像断了线
的珠子落下来，我哭了，天啊！怎么能这样乱收别人的钱呢，我忧郁
了，心想"干啥都捞钱"是真的吗？

403．女娃上学

　　紧接着她妈妈说话了："娃子啊，女孩子上了学也是条穷命，你
就认了吧！唉……"隐约间，我听到了小姐姐的抽泣声，我没吱声，
悄悄的走了。

404．流淌的小溪

　　小溪又流淌起来了，流的那么欢畅，和谐，宛如唱着一首甜甜的
歌。我的心啊，也好像在唱。我想着刚才发生在我眼前的那一幕幕动
人的情景，异常开心起来。

405．心理的想念

　　外面的黑暗被渐渐习惯了，心中似乎停止了活动，他的眼不由地
闭上了。不知道是在往前走呢，还是已经站住了，心中只觉得一浪一
浪的波动，似一片波动的黑海，黑暗与心接成一气，都渺茫，都起落，
都恍惚。忽然心中一动，象想起一些什么，又似乎是听见了一些声响，

说不清。于是又睁开了眼。他确是还往前走呢，忘了刚才是想起什么来，四外也并没有什么动静。心跳了一阵，渐渐又平静下来。

他嘱咐自己不要再闭上眼，也不要再乱想，快快的到城里是第一件要紧的事。可是心中不想事，眼睛就很容易再闭上，他必须想念着点儿什么，必须醒着。他知道一旦倒下，他可以一气睡三天。想什么呢？他的头有些发晕，身上潮渌渌的难过，头发里发痒，两脚发酸，口中又干又涩。他想不起别的，只想可怜自己。

可是，连自己的事也不大能详细的想了，他的头是那么虚空昏胀，仿佛刚想起自己，就又把自己忘记了，象将要灭的蜡烛，连自己也不能照明白了似的。再加上四围的黑暗，使他觉得象在一团黑气里浮荡，虽然知道自己还存在着，还往前迈步，可是没有别的东西来证明他是在哪里走，就很象独自在荒海里浮着那样不敢相信自己。他永远没尝受过这种惊疑不定的难过，与绝对的寂闷。平日，他虽不大喜欢交朋友，可是一个人在日光下，有太阳照着他的四肢，有各样东西呈现在目前，他不至于害怕。现在，他还不害怕，只是不能确定一切，这使他受不了。

设若骆驼们要是象骡马那样不老实，也许倒能教他打起精神去注意它们，而骆驼偏偏是这么驯顺，驯顺得使他不耐烦；在心神最恍惚的时候，他忽然怀疑骆驼是否还在他的背后，教他吓一跳；他似乎很相信这几个大牲口会轻轻的钻入黑暗的岔路中去，而他一点也不晓得，象拉着块冰那样能渐渐的化尽。

406. 美妙的诗句

我在心里暗暗地重复这些美妙绝伦的诗句，似乎看到了这些我非常熟悉的、勉强看得见的羊肠小道，看到了那些压倒青草的神秘足迹。那些草上还没有抖落掉的像水银一样沉重的露珠。那些音调铿锵的诗句，把它所描写的一切，打扮得像过节一样喜气洋洋，使人记起来特别容易。这使我感到非常幸福，使我的生活变得轻松愉快。这些诗句听起来就像是新生活的颂歌。成为一个读书人，这是一种多大的幸福啊！

407. 三借芭蕉扇

孙悟空只好又来到翠云山，这次他变成了铁扇公主的丈夫牛魔王的样子。铁扇公主不辨真假，把他接了进去。说到孙悟空借扇一事，假牛魔王故意捶胸道："可惜，可惜，怎么就把那宝贝给了猢狲?"铁扇公主笑道："大王息怒，给他的是假扇。"假牛魔王到："真扇子你藏在哪儿了？仔细看管好，那猢狲变化多端，小心他再骗了去。"铁扇公主说："大王放心。"说着将真扇从口中吐出，只有一片杏叶儿大小。悟空大喜过望，连忙抓在手中，问道："这般小小之物，为何能扇灭八百里火焰？"铁扇公主道："大王，你离家两年，怎么连自家的宝贝也忘了？只要念一声口诀，这扇就能长到一丈二尺长短。"孙悟空记在心上，将扇儿噙在口中，把脸一抹，现了本像，径自出了芭蕉洞。铁扇公主气得一下子跌倒在地。

408. 书店里的老人

今天是星期日，我刚从书店出来，迎面走来了一个50上下，背着大小两个包的瘦老倌。他头戴草帽，黧黑的两颊深陷进去，满脸深深的皱纹和衣服皱褶连成一片。那是一件洗得发白的旧上衣，并且纽扣没有一个是相同的。我把眼光移到他的脚上，呀，怎么连鞋也不穿，光着两只像酱豆腐般的颜色的脚丫子，还直跺着脚哩！哈，是个乡巴佬！

409. 唯一的亲人

　　张嘎只有一个惟一的亲人——奶奶，他爱奶奶，因为奶奶对他的照顾无微不至，他崇敬奶奶，因为奶奶竭尽全力维护着八路军。生活虽然艰苦，却充满着幸福。但是，奶奶为了掩护隐藏在他们家里养伤的八路军地区队侦察连长老钟，惨死在敌人的刺刀下！幸福的家被敌人摧毁了，嘎子最敬爱的老钟叔也被敌人抓走……这一切，对于一个孩子来说，是多么悲惨的啊！突然之间，他变成一个家破人亡的孤儿了！但是，张嘎是个勇敢刚强的孩子，失去亲人的悲痛没有使他消沉，敌人锋利的刺刀更不能使他屈服；相反，在他幼小的心里燃起了炽烈的复仇之火，一定要为奶奶报仇，要救出老钟叔！而且他要实现自己向往已久的理想——像老钟叔和罗金保叔叔那样，当一个勇敢而又机智的侦察员，狠狠地打击敌人。

410. 美妙的旋律

　　夜幕笼罩了江面，月亮从水面升起，月光下面天水一色，多美的景色啊！《春江花月夜》的优美旋律在夜空中萦绕着，我的心渐渐平静下来。我重新拿起笔，一下子就把题算出来了。此刻，多么轻松啊！音乐该是多么神奇哟！这天很晚了，我躺在床上久久不能入睡，耳畔仿佛还有优美的乐曲在响，我尽情地享受这甜，这美，心里乐融融一片，我生平第一次陶醉在音乐之中了……

411. 最动听的声音

　　她焦急地站在信箱前，等待着邮递员，这时传来邮递员嘹亮的声音"来信喽!"她认为这是世界上最动听的声音,因为它为她带来的也许是一份特殊的礼物。她拿到信,迫不及待地打开,她闭上眼睛,屏住呼吸,然后惴惴地睁开眼睛。她的心急速地跳着,当看到"清华"二字时,她高兴得一蹦三尺高,此时此刻她的心情难以平静,心里一遍遍地念着:"我考上了,我考上了,我考上清华了!"接着她又跑呀跑,跑到一片空旷的地方,对着地平线大声地喊,尽管连她自己也不知道自己在喊什么……

412. 岸边的沙滩

　　站立在岸边的沙滩上,向远处望去,只看见白茫茫的一片。海水和天空合为一体,都分不清是水还是天。正所谓:雾锁山头山锁雾,天连水尾水连天。远处的海水,在娇艳的阳光照耀下,像片片鱼鳞铺在水面,又像顽皮的小孩不断向岸边跳跃。看着大海,我们的心胸似乎也变得开阔了。在这种境界里,使人神清气爽,心旷神怡。海水涨潮了,海水中的波浪一个连着一个向岸边涌来。有的升上来,像一座座滚滚动的小山;有的撞了海边的礁石上,溅起好几米高的浪花,发出"哗……哗……"的声响。海水满盈盈的,被照在夕阳之下,浪涛像顽皮的小孩子似的跳跃不定,水面上一片金光。

413. 等待"判决"

　　算了,豁出去吧,大不了扣掉一个月零用钱,再加一顿臭骂。我拖着沉重的步子走到了妈妈跟前。妈妈足足看了我半分钟时间。怎么还不向我"开炮"呢?不会是暴风雨前的平静吧?早知会这么惨,我情愿少看几部电视剧,少K几本小说,少玩几次电脑,少……总之,做什么都愿意。我静静地等待着妈妈的"判决",她却出奇的冷静,放下试卷片刻之后，又慢慢地从写字台上取出钢笔，在试卷上工工整整地签了字。接着什么也没说，就做饭去了。一切都那么平静，仿佛没有发生过什么一般。我想，她是对我心灰意冷了吧？天知道，我多想妈妈能骂我几句，你可知道，这种沉默的比挨骂更难受啊！

414. 桌面上的小木棍

　　我呆呆地盯着桌面上的小木棍开始发愣，心想：咦，用四根小木棍摆成一个"田"字，这也太离谱了吧！唉！不能借助桌角，不能把小木棍撅折，还不能添加小木棍，这根本就不能摆成"田"嘛！要是摆其他的字也好啊，像"丰"字啊，"王"字啊，都行，怎么偏偏要摆"田"字呢？不会是董老师在忽悠我们呢吧？他不会是把我们当作"东来顺"的涮羊肉—开涮吧？我仰头望着天花板，想要透过天花板看见答案。再低头看看那四根小木棍，它们一会儿变成四个问号，冲着我闪来闪去；一会儿又变成了四个小士兵，冲着我耀武扬威。哎！我这堂堂的四年级"大学生"竟然奈何不了它们，我顿时心灰意冷、无可奈何。此时，我恨不得变成刘谦，再变出两根小木棍来。

415. 火柴游戏

　　一听说董老师说要考我们简单的火柴游戏问题，我的心像一块大石头似的"咣"地落到了肚子里。刚才我的心里还波涛汹涌，现在一下子变得风平浪静。我心想，董老师居然出小儿科的问题来考我们，也太瞧不起我们这些四年级的"大学生"了吧！摆弄小小的火柴棍的游戏，我三岁就会，这对于我来说，简直就是张飞吃黄豆——小菜一碟！

416. 忧伤的晚宴

珠帘别有情调，珠帘幽雅美丽，珠帘是诗词上的东西，珠帘像一串串水滴……而我现在，却只能对着这珠帘发呆。因为，今晚家里有宴会，宴会是为了绿萍而开的。今年暑假，绿萍拿到了大学文凭，我拿到了高中文凭，父亲本就想为我们姐妹俩请次客，但我正要参加大专联考，母亲坚持等我放榜后，来一个"双喜临门"。于是，这宴会就拖延了下来，谁知道联考放榜，我却名落孙山，"双喜"不成，变成了"独悲"。这份意外的"打击"，使母亲好几个月都振作不起来。这样，转眼间，秋风起兮，转眼间，冬风复起，绿萍又考进了一个人人羡慕的外国机构，得到一份高薪的工作。这使母亲又"复活"了，又"兴奋"了。绿萍最大的优点，就是可以用她的光芒，来掩盖我的黯淡。母亲忘了我落榜带给她的烦恼，也忘了这份耻辱，她广发了请帖，邀请了她的老同学，干姐妹，老朋友，世交，以及这些人的子女，姐姐的同学济济一堂，老少皆有，这是个盛大的宴会！而我，我只好对着我的珠帘发呆。

417. 思念的影子

令狐冲慢慢转过身来，只见岳灵珊苗条的背影在左，林平之高高的背影在右，二人并肩而行。岳灵珊穿件湖绿衫子，翠绿裙子。林平之穿的是件淡黄色长袍。两人衣履鲜洁，单看背影，便是一双才貌相当的璧人。令狐冲胸口便如有什么东西塞住了，几乎气也透不过来。他和岳灵珊一别数月，虽然思念不绝，但今日一见，才知对她相爱之深。他手按剑柄，恨不得抽出剑来，就此横颈自刎。突然之间，眼前一黑，只觉天旋地转，一跤坐倒。过了好一会儿，他定了定神，慢慢站起，脑中兀自晕眩，心想："我是永远不能跟他二人相见的了。徒自苦恼，复有何益？今晚我暗中去瞧一瞧师父师娘，留书告知，任我行重入江湖，要与华山派作对，此人武功奇高，要他两位老人家千万小心。我也不必留下名字，从此远赴异域，再不踏入中原一步。"

418. 陶醉的欢乐

她已经陶醉在欢乐之中，什么也不想，只是兴奋地、发狂地跳舞。她的美丽战胜了一切，她的成功充满了光辉，所有这些人都对自己殷勤献媚、阿谀赞扬、垂涎欲滴。妇人心中认为最甜美的胜利已完全握在手中，她便在这一片幸福的云中舞着。

419. 海边捕鱼

"可是一个人并不是生来要给打败的，"他说，"你尽可把他消灭掉，可就是打不败他。"他想：不过这条鱼给我弄死了，我倒是过意不去。现在倒霉的时刻就要来到，我连鱼叉也给丢啦，这个东西，既残忍，又能干，既强壮，又聪明。可我比它更聪明。也许不吧，他想。也许我只是比它多了个武器吧。

420. 她的恐惧

这林黛玉常听得母亲说过，他外祖母家与别家不同。她近日所见的这几个三等仆妇，吃穿用度，已是不凡了，何况今至其家。因此步

165

步留心，时时在意，不肯轻易多说一句话，多行一步路，唯恐被人耻笑了她去。

421. 脑海里的身影

她的姿态时常追随着我，醒时睡时她充满着我的灵魂！此刻，我把眼睛闭了，在我脑海里，我的心神之力凝聚着的，有她的一双黑眼睛俨然存在着。我又睁开眼睛，她也在这儿，好像一个海洋，好像一个深川，她在我的面前，我的身上，充满了我头部的感官。

422. 地板上的人影

"推开房间，看看照出人影的地板，又站住犹豫：脱不脱鞋？一转念，忿忿想到：'出了五块钱呢！'再也不怕脏，大摇大摆走了进去，往弹簧太师椅上一坐：管它，坐瘪了不关我事，出了五元钱呢。"

423. 阿Q的精神

"阿Q在形式上打败了，被人揪住黄辫子，在壁上碰了四五个响头，闲人这才心满意足的得胜的走了，阿Q站了一刻，心里想，'我总算被儿子打了，现在的世界真不象样'于是心满意足的得胜的走了。"

424. 挣扎的心

这一日，老克腊说有一件事情托她，她问什么事，他就交给她两把系在一起的钥匙，说等她哪一日去王琦瑶家时，交给她便可。张永红想说：为什么不自己交给她？话到嘴边又咽了回去，心里暗忖老克腊与王琦瑶会有什么瓜葛。却不敢乱想，往哪想都是个想不通，再加上自己也是一肚子心情，也容不下别人的了。她接过钥匙往包里一搁，与老克腊一起吃了顿饭然后分手。回家时路过平安里，想弯进去交一下钥匙，可进弄堂却见王琦瑶的窗户黑着，便想改日再来，就退了出来。过后的几日里都有些想不起来，有一回想起来又有事情没时间，于是就决定下一日去。就在下一日，长脚悄然而至。

425. 桑娜的忐忑

桑娜脸色苍白，神情激动。她忐忑不安地想："他会说什么呢？这是闹着玩的吗？自己的五个孩子已经够他受的了。是他来啦？不，还没来！为什么把他们抱过来啊？他会揍我的！那也活该，我自作自受，揍我一顿也好！"门吱嘎一声，仿佛有人进来了。桑娜一惊，从椅子上站起来。"不，没有人！上帝，我为什么要这样做？如今叫我怎么对他说呢？"桑娜沉思着，久久地坐在床前。

426. 百万富翁的衣服

他笑着接了过去，这是那种无处不在的笑容，笑里有皱，笑里带褶，一圈儿一圈儿的，就像往水池子里面扔了一块砖头。可是，只瞟了一眼钞票，他的笑容就凝固了，脸色大变，就像你在维苏威火山山麓那些平坎上看到的起起伏伏、像虫子爬似的凝固熔岩。我从来没见过谁的笑脸定格成如此这般的永恒状态。这家伙站在那儿捏着钞票，用这副架势定定地瞅。老板过来看到底出了什么事，他神采奕奕地发问："哎，怎么啦？有什么问题？想要点什么？"我说："什么问题也没有。我正等着找钱哪。""快点，快点，找给他钱，托德，找给他钱。"托德反唇相讥："找给他钱！说得轻巧，先生，自个儿看看吧，您哪。"那老板看了一眼，低低地吹了一声动听的口哨，一头扎进那摞退货的衣服里乱翻起来。一边翻，一边不停唠叨，好像是自言自语："把一套拿不出手的衣服卖给一位非同寻常的百万富翁！托德这个傻瓜！

1. 喜悦

我感到自己的心，全身的每一个细胞都随着乐曲的节奏在跳动。

我们感到热血沸腾，情不自禁地鼓起掌来。

走在路上，她像一只快活的小鸟，欢快、轻盈。

她笑得非常甜，像朵刚刚开放的花朵。

同学们围着营火，尽情地唱呀，跳呀，校园里成了欢乐的海洋。

平静的湖面激起了浪花，我的心情也像浪花一样欢腾。

英语测验得了 100 分，我抑制不住内心的喜悦，像小鸟一样飞进了家门。

我不知不觉进入了梦境，梦见自己长出了五色翅膀，在蓝天里飞呀飞，真是快乐无比。

大家心里说不出有多高兴，脚下好像生了风，走得又快又有劲。

姐姐顿时欢天喜地，嘴咧得如同一朵绽放的荷花，久久地合不拢。

2. 悲伤

他的心里难受得像无数虫子在咬着。

忧虑像疯狂的子弹一样在袭击着她。

一双悲凉的目光无神地望着病房的天棚，天棚是灰白色的，她绝望了。

唯独我自己，心事重重地坐在那里，哪有心思去吃妈妈做的可口的饭菜呢？

我心疼得像刀绞一样，眼泪不住地往下流。

他的心烦乱得像刀子在搅。

我的心绷得紧紧的，这怎么忍受得了呢？我担心这个年轻的战士会突然跳起来，或者突然叫起来。我不敢朝他那儿看，不忍眼巴巴地看着我的战友被活活地烧死．但是我忍不住不看。我盼望出现什么奇迹－－火突然间熄灭，我的心像刀绞一般，泪水模糊了我的眼睛。

老师的关心，使我心里像打翻了五味瓶，真不是滋味．．

我那颗忐忑不安的心越跳越快，我不敢往下想了，激动的上言不搭下语。

顿时，我好像掉进了冰窖里，从心顶凉到了脚尖。

我整天愁眉苦脸的，友谊破裂了，在心灵上留下了难以弥合的伤痕。

爸、妈又吵架了，吵得我心烦意乱的，我独自在楼上，我该怎么办呢，我悲伤地哭泣着。

我心疼得像刀绞一样，眼泪不住地往下流。

晶莹的泪珠，像断了线的珍珠，滚下面颊。

3．恐惧

我胆怯地低着头，不敢看爸爸那张阴云密布的脸。

他有些吃不消了，牙关紧咬着，"咯咯"作响，脸胀得像个紫茄子，豆大的汗珠从额头上一个劲地往下淌。

我的心一下子提到嗓子眼儿，我吓坏了。

我"嘘"了一声，吸了一口气，全身都起了鸡皮疙瘩。

他心中像揣着一只兔子。

那颗不安的心，跳得更凶，更猛，似乎马上就要从口腔里蹦出来似的。

我胆怯地低着头，不敢看爸爸那张阴云密布的脸。

我生怕舵轮滑掉，心突突地跳，手心里都出了汗。

他两眼发直，连连自语，又惊又怕，双腿也不听使唤，像筛糠似的乱颤起来。

望着满地的碎瓶胆片，我紧张得张开了嘴巴，呆呆地立在那儿，心里忐忑不安，万一爸爸回来发现了，准会狠狠批评我的。

他惶恐不安地看着我，嘴里就像含了一串冰糖葫芦，呜呜啦啦半天没说出什么来。

冉阿让大吃一惊，门臼的响声，在他的耳朵里，就和末日审判的号角那样洪亮骇人。

我胆怯地低着头，不敢看爸爸那张阴云密布的脸。

我的心一下子提到嗓子眼儿，我吓坏了。

他两眼发直，连连自语，又惊又怕，双腿也不听使唤像筛糠似的乱颤起来。

他停下来，浑身哆嗦，不知所措。

她的眼眉撩起，眼睛睁得大大的，痴呆呆地望着。

4．愤怒

眼里闪烁着一股无法遏止的怒火，牙齿咬得格格作响，好似一头被激怒的狮子。

不知怎么了，这个一向吹胡子瞪眼睛的老头，此时腼腆得像个孩子，脸红红的，话也不流利了。

……犹如晴天一声霹雳，我简直不敢相信自己的耳朵，颤抖着双手拆开信……

无端被人欺负，能不气得脸红脖子粗吗？

真是个狼心狗肺的家伙，我对他的怨恨越来越强烈，我发誓：至少恨他一个月。

我没有动，心里愤愤地说"她这副丑相配让我叫阿姨，我的姨妈个个端庄秀丽，哼！"

174

　　我感到自己的眼睛似乎在向外冒水，要不是当着那么多同学的面，我真会狠狠扇她一记耳光。

　　他在一昼夜里积压的怒气如火山一样爆发了。

　　牙齿咬得"格格"作响，眼里闪着一股无法遏制的怒火，好似一头被激怒的狮子。

　　仇恨，像怪兽一般吞噬着我的心，使我不思饮食，坐立不安。

　　辛辣味呛得我直翻白眼，恨得牙根直发麻，手指骨节痒，想揍他一顿。

　　他怒不可遏地吼叫着，这声音像沉雷一样滚动着，传得很远很远。

　　看着这景象，愤怒的人群如同涨满河槽的洪水，突然崩开了堤口，咆哮着，势不可挡地涌进了大厅。

　　眼里闪烁着一股无法遏止的怒火，牙齿咬得咯咯作响，好似一头被激怒的狮子。

　　他立刻瞪起眼睛，眉毛一根根竖起来，脸上暴起了一道道青筋，像扑鼠之猫一样盯着我。

　　谁也惹不起他，我们只好忍气吞声，敢怒不敢言。

他脸上的肌肉在愤怒地颤抖着，眼睛里迸出火般凌厉的目光。

他气得张口结舌，两只手直颤抖，半天才喊出话来。

5. 赞美

我们清楚地记得老师那双眼睛，我们知道他苍老却丝毫不颓庸。

祝愿他在有生之年为祖国做出更多的贡献——也祝愿人间爱心永恒。

老师——人类灵魂的工程师，他们是高尚的人，是永远值得尊敬赞美的人。

啊，园丁！正是这普普通通的园丁，用辛勤的汗水浇开了这一簇鲜花，在人们欣赏鲜花的时候，可不要忘记培育鲜花的园丁啊！

6. 思念

那时候，自己最大的愿望就是回家，虽然，那家破旧，那家寒怆。

我静静地躺在床上，欺待着那美好的一天早日到来。

敬爱的老师，我们怎能忘记：下雨了，您用雨伞遮着我们；大扫除时，您带头擦最脏的玻璃。您美好的心灵陶冶了我们……

回家时，母亲会远远地迎我，在夕阳西下时，见炊烟袅袅升起又散去。

7. 梦幻

有一天，我正在树下乘凉，却做了个奇怪的梦。

那些美丽的彩蝶飞来飞去，把我带到了美丽的梦乡。

那天夜里，我做了一个奇怪的梦，梦见我摘到了天上的星星。

我梦见自己飞起来了。

8. 决心

窗外，夕阳没有落下去的悲哀，它正用它热情、美丽的光环把我紧紧拥抱，我被溶进了这血红的氛围中了……

雨淅淅沥沥地下起来了，但我相信，雨会停下，太阳终究要出来！

分数单已经拿在手中了，没想到这薄薄一张纸跟心情一样沉重。

这次的失败是不应该的，但它并没有打垮我，相反，它给了我勇气，鼓励我去迎接挫折、困难，去拼搏、奋斗。

9. 憎恶

我心中有一股气总消不了，是一种怨恨，又是厌恶。

一种说不出的厌恶，突然塞满了吴老太爷的心胸，他赶快转过脸去。

一阵胭脂粉味向我扑来，像要把我淹没似的，我感到恶心，脱口而出："讨厌!"

刚才，好像高敏如在跟她讲什么，一脸得意洋洋的样子，这种人，呸! 真恶心!

第四章

心理写作好词

1．喜悦

甜美　欣慰　高兴　愉悦　兴奋　得意　痛快　狂喜欣喜　快乐
满意　畅快　开心　幸运　狂笑　安逸　微笑　幸福　乐意　悦目
欢迎　称快　喜色　轻快　喜爱　陶醉　庆幸　喝彩　兴趣　眯缝笑
嘻嘻　笑哈哈　喜洋洋　笑盈盈　乐悠悠　乐陶陶兴冲冲　乐滋滋
笑眯眯　乐融融　笑吟吟　乐呵呵甜滋滋　喜盈盈　热腾腾
谈笑风生　兴高采烈　心悦诚服　惊喜交集　皆大欢喜　欢蹦乱跳
捧腹大笑　满面红光　扬眉吐气　喜从天降　心旷神怡　欢欣鼓舞
欣喜若狂　情不自禁　沾沾自喜　手舞足蹈　眉开眼笑　大快人心
眉飞色舞　满心欢喜　万分欣喜　无比兴奋　十分开心　喜事临门
无限喜悦　春风得意　怡然自得　欢歌笑语　兴高采烈　格外兴奋
喜出望外　欢声笑语　拍手称快　喜不自胜　人心大快

2．悲伤

苦痛　忧愁　忧伤　苦水　痛惜　惬意　惆怅　悲咽啼哭　悲泣　号
哭　悲惨　悲切　悲壮　悲叹　悲惨　悲哀　悲怆　悲痛　忧虑　忧
郁　惨痛　凄惨　凄凉　烦恼　烦闷　苦恼　隐痛　沉痛　哀痛　哀
叹　哀愁沮丧　感伤　垂头丧气　愁眉苦脸　嚎啕大哭　泣不成声
唉声叹气　目瞪口呆　愁眉不展　黯然伤神　惊弓之鸟　放声大哭
痛哭流涕　声泪俱下　泪如泉涌　悲伤忧郁　悲天悯人　心如刀绞
心烦意乱　悲痛欲绝　痛心疾首　失声痛哭　心乱如麻　心神不定
心急如焚　五脏俱焚　心如火燎　痛不欲生　肝肠寸断　欲哭无泪
肝胆欲裂　痛定思痛　悲从中来　悲痛难忍　触目伤心

3. 恐惧

惊人　畏缩　惊吓　为难　惊奇　发毛　发抖　惧怕打颤　惊扰
恐慌　可怕　心惊　害怕　怯懦　疑惧　忧惧　惊恐　惊慌　惊愕
惊讶　惊惶　惊骇　惊慌　惊吓　惊险　害怕　惧怕　畏惧　怯懦
惊愕　惊扰　吃惊　心惊胆战　胆怯　恐惧　惊惶　惊骇　惊诧惊悸
惊惧　惊异　不安　畏惧　吃惊　诧异　震惊恐惧　闻风丧胆　胆小
如鼠　战战兢兢　惊恐万状　大惊失色　心有余悸　畏缩不前　令人
恶心　心惊肉跳　触目惊心　胆战心惊　惊天动地　慌慌张张　不安
的心　浑身颤抖　惊恐万状　毛骨悚然　毛发倒竖　失魂落魄　张皇
失措　闻风丧胆　惊魂未定　胆战心惊　杯弓蛇影　提心吊胆　失魂
落魄　做贼心虚　惊慌失措　胆战心惊　胆小怕事　草木皆兵　魂不
附体　心有余悸　惊恐万状

4. 愤怒

气愤　愤激　愤恨　愤怒　生气　怒吼　怒骂　怒斥　震怒　恼怒
暴怒　狂怒　愤然　愤慨　怨恨　动火生气　恼恨　怒吼　遏止
诅咒　发火　怒色　怒号　大怒　激怒　悲愤　恼怒　愤怒　讨厌
憎恶　懊惜　惭愧　内疚　痛悔　忏悔　愤慨　憎恨　发怒　激愤
愤然　痛恨　含怒　暴怒　动怒　气愤　气恼　怒冲冲　满面怒容
怒目圆睁　怒形于色　怒目而视　忍无可忍　仇刀不平　怒发冲冠
怒火中烧　暴跳如雷　火冒三丈　七窍生烟　恼羞成怒　怒气冲天
勃然大怒　怒不可遏　怒气填胸　气喘吁吁　大发雷霆　疾言厉色
怒气难平　义愤填膺　怒火满腔　勃然火起　勃然大怒　火冒三丈
悲愤填膺　无名火起　怒火冲天　恼羞成怒　怒目切齿　怒气冲冲

怒目而视　怒形于色　刻骨之恨　恨之入骨　狂愤暴怒　怒容满面
愤怒至极　众怒难犯　千古之恨　怒气填胸　怒目圆睁　愤然大怒
天怨人怒　天怒人怨　切齿痛恨　暴跳如雷

5. 赞美

赞扬　夸赞　赞赏　表扬　赞叹　羡慕　欣羡　称羡爱羡　称赞
眼馋　眼红　夸奖　景羡　服气　赞佩　钦佩　崇尚　崇敬　敬佩
热望佩服　赞不绝口　赞叹不已　暗自叹服　钦服不尽　后生可畏
点头佩服　啧啧称赞　称赞不已　慕名而来　令人称羡　肃然起敬
心仪已久　久仰大名　心悦诚服　令人叹服

6. 思念

思绪　思索　思量　寻思　深思　苦思　回首　默想　联想　回想
怀念　想念　惦念　挂念　眷念　迷恋　依恋　留念　盘算　回忆
追忆　纪念　牢记　铭记谨记　相思　暗中思量　胡思乱想
痴心妄想　异想天开　心血来潮　心照不宣　挖空心思　不假思索
百思不解　满腹狐疑　出乎意料　顾虑重重　冥思苦想　前思后想
深切怀念　无比思念　终生难忘　铭心刻骨　镂骨铭名　念念不忘

7. 梦幻

幻想　憧憬　遐想　梦想　浮想　梦境　幽思　神往　妄想　向往
思量　料想　环绕　回荡　心向往之　令人神往　如梦初醒
魂牵梦绕　云霓之望　如醉方醒　痴心梦想　憧憬未来　不由自主
凭空设想　心荡神迷　尽收眼底　想入非非　念念有词　悠然神往

8. 决心

企望　决定　踌躇　志愿　寻思　意愿　夙愿　渴求　期望　闪念
决策　犹豫不决　坚定不移　暗下决心　迟疑不定　举棋不定
深思熟虑　踌躇不决　坚信不疑